이것만은 반드시 알고 시작하자

직장생활 생존 노트

이것만은 반드시 알고 시작하자

직장생활 생존 노트

세키 이와오 지음 · 김대식 옮김

왜 명문대생은 회사에서 쓸모가 없는가?
제대로 된 업무기술과 태도를 익혀야만
유능한 비즈니스맨이 될 수 있다!

매일경제신문사

옮긴이의 말

　나를 찾아오는 대부분의 학생들은 자신의 전공 분야에 대해
심도 있는 조언을 듣고 싶어 한다. 또 그들 중에는 전공과 관련
된 이야기뿐 아니라 인생의 진로에 관해서도 듣고 싶어 한다.
이들은 자신의 불확실한 미래를 걱정하면서 말문을 연다. 그러
면 나는 여러 가지 이야기를 들려주고, 마지막에 '열정'의 중요
성에 대해 강조한다. 열정은 젊은이들의 미래를 밝혀줄 등불이
기 때문이다.

　사람에게 있어서, 특히 젊은이들에게 있어서 열정은 가장 큰
무기가 된다. 서툴고 어수룩해서 좌충우돌하면서도 젊음이 좋
은 것은 그들에게 열정이 있기 때문이다. 나이가 들어도 열정
을 갖고 있으면 젊음을 유지할 수 있다. 무엇을 하든 뜨거운 열
정이 있으면 해낼 수 있다. 이렇게 어깨를 다독인 후, 학생들을
돌려보내고 나면 나는 잠시 고민에 빠진다. 이들이 학교를 떠난
후에는 어떻게 이들을 격려하고 용기를 북돋아 줄 수 있을까?

나는, 감히 독서라고 강조하고 싶다.

젊을 때 일수록 독서를 해야 한다. 독서는 다른 세상을 간접적으로 경험하게 해 주는 창이다. 미래가 불투명하고 헤쳐 나갈 방법을 알 수 없을 때는 더욱 독서를 해야 한다. 거기서 반드시 길을 찾아낼 것이다. 빌 게이츠는 초등학교 5학년 여름 방학 때, 집 근처의 도서관에 가서 도서관에 있던 모든 책을 다 읽어버렸다. 그 후 빌 게이츠는 어떻게 되었는가. 빌 게이츠가 아니어도 좋다. 성공한 사람들의 공통점은 늘 책을 가까이 한다는 것이다. 나는 강의할 때도 늘 책과 독서의 중요성을 강조한다.

사회로 나가는 젊은이들을 위해 도움이 될 만한 책에도 관심이 많다. 그러다 우연히 「동경대생은 왜 회사에서 쓸모가 없을까」라는 책을 발견하게 되었다. 그래서 나는 이 책을 번역하기로 마음을 먹었다. 제목은 우리 실정에 맞게 「직장생활 생존 노트」로 고쳐 출간하기에 이르렀다. 그리고 이 책이 사회에 막 첫 걸음을 내디딜 새내기 직장인들의 고민을 조금이나마 해결해 주면 좋겠다고 생각했다.

명문대생이든 아니든, 직장에 들어가서 처음부터 잘 하는 사람은 많지 않을 것이다. 이 책의 저자인 '세키 이와오'도 마찬가지였다. 그 역시 최고의 명문대라고 하는 도쿄(東京)대를 졸업하고 대형 컨설팅 회사에 입사했다. 남부럽지 않은 시작이었지만 정작 자신은 만족할 수 없었다. 가치 있다고 생각되는 임무는 주어지지 않았다. 그러면서도 잦은 실수를 하는 등, 잘 하는 일이 거의 없었다. 하지만 좌절하지 않고 인내하면서 기본을 다져갔다. 마음 속에서는 항상 최고가 되고 싶다는 열망을 갖고 자신을 연마했다. 결국 그는 유능한 직장인이 되었고, 최단기간에 남들보다 빠르게 승진하는 영광을 누릴 수 있었다.

그는 지금 컨설팅회사를 설립해서 직접 경영하면서 성공적인 길을 걷고 있다. 여전히 첫 직장에서 겪었던 어려움은 생생하다. 경영자로 분주하게 하루를 보내면서도 이 책을 쓰게 된 이유이다.

이 책에서는 유능한 비즈니스맨이 될 수 있는 노하우들을 다채롭고 구체적인 방법으로 잘 설명해 준다. 방법들은 종종 너무 상세해서 즉시 실행하거나 활용할 수 있는 것들이다. 그 중에서도 가장 중요한 것은, 적극적인 행동을 이끌어내는 열정을 가지라고 강조하는 부분이다.

이 책을 펼친 사람들 중에는 회사의 일이 쉽지 않아서, 입사할 때 갖고 있던 열정이 식어버린 사람도 있을 것이다. 어느 정도 직장생활에 적응이 되어 조금 게을러진 사람도 있을 것이다.

그렇다면 더욱, 이 책에서 말하는 충고에 귀를 기울여야 한다. 그리고 이 책을 덮을 즈음에는 실패를 성공의 밑거름으로 만들어줄 열정을 다시 불러일으키도록 하자.

김대식

'성실하고 공부는 잘 하지만 커뮤니케이션 능력이 부족하다.
근성은 없으면서 자존심만 세서 다루기가 어렵다.'

일본 사회에서 도쿄대 출신들이 기대만큼의 성과를 내지 못
할 때, 받게 되는 평가들이다. 심지어 '도쿄대 출신은 쓸모가
없다.'는 말까지 나온다.

하지만 이는 비단 도쿄대라는 특정 대학 출신들에게만 국한
된 이야기는 아니다. 요즘 젊은 직장인들에 대한 기성세대의
평가 역시 이와 크게 다르지 않다. 그렇다면 그들은 정말로 쓸
모가 없는 것일까?

나는 현재 '리브컨설팅(LiBConsulting)'이라는 컨설팅 회
사를 경영하고 있다. 그리고 매년 사원 채용 과정에서 약 1만
5000여명 이상의 학생들과 젊은 직장인들을 만난다. 그들을
가까이에서 직접 관찰해 본 결과 내가 내린 결론은 그들은 쓸
모없지 않다는 것이다. 오히려 그들은 이제까지의 그 어느 세

대보다도 뛰어난 능력과 탄탄한 기반을 갖고 있다.

대표적으로 요즘 젊은 세대들은 논리적으로 사고하는 능력이 뛰어나다. 최근 일본 사회에서는 사물을 논리적으로 생각하는 능력의 중요성이 점차 강조되고 있는 추세이다. 이에 따라 관련 정보들도 수없이 쏟아져 나오고 있다. 그런 환경에서 자란 세대이니 만큼 젊은 세대들은 기성세대들에 비해 상대적으로 논리적인 사고력이 발달되어 있다.

정보를 수집하고 정리하는 능력이 탁월한 것 또한 젊은 세대들의 강점이다. 어릴 때부터 자연스럽게 인터넷이나 디지털 기기를 사용하는 환경에서 성장해 왔기 때문에 컴퓨터 프로그램을 이용하여 자료를 검색하고 작성하는 능력이 우수하다.

하지만 이런 능력들을 갖고 있다고 해서 누구나 사회인으로서 혹은 직장인으로서 성공할 수 있는 것은 아니다. 본래 자신이 갖고 있는 능력에 더해 '사회인에게 필요한 필수 요소' 역시 갖추고 있어야 한다.

이에 이 책에서는 나의 개인적인 경험과 성공한 직장인들의 사례를 통해 '왜 도쿄대생은 회사에서 쓸모가 없을까?', '젊은 직장인이 성공하기 위해서는 무엇이 필요한가?'에 대해 이야기해 보려고 한다. 본격적인 이야기를 시작하기에 앞서 간단하게 내 경력을 소개하는 것이 좋을 것 같다.

나는 도쿄대를 졸업하자마자 직원이 400여명 정도 되는 컨설팅 회사에 취직했다. 입사 후 27세에 사내에서 가장 뛰어난 실적을 기록하고, 29세의 나이에 임원으로 승진했으며, 2년 후인 31세에는 전무로 승진했다. 그리고 33세에 다니던 회사를 그만 두고 독립해서 현재는 주식회사 '리브컨설팅(LiB Consulting)'을 경영하고 있다.

경력만 보면 큰 어려움이나 고생 없이 순탄하게 엘리트 코스를 밟아 온 사람처럼 보일지 모른다. 하지만 사실 나 역시 오늘날 위치에 오르기까지 수많은 시행착오와 실패를 거쳐야 했다.

　대학 졸업 후 입사한 회사에서 처음으로 했던 일은 매일 200여 통의 전화를 거는 일이었다. 당시 내가 취직한 회사는 대형 컨설팅 회사의 자회사 중 하나였는데, 그 중 내가 일했던 곳은 중소기업들을 상대로 약 150만 엔 상당의 재고 관리용 소프트웨어를 판매하는 회사였다. 요컨대 영업을 위해 리스트에 적힌 번호로 전화를 걸어 미팅 약속을 잡는 일이 내 첫 업무였던 것이다.

　"재고 관리용 소프트웨어? 그게 뭔데? 바쁜데 귀찮게스리."

찰칵 뚜뚜…

　"이렇게 자꾸 전화하시면 곤란해요." 찰칵…

　아무리 열심히 전화를 걸어도 돌아오는 것은 이런 차가운 대답들뿐이었다. 하루 종일 전화를 붙들고 앉아 있어도 실제로 미팅이 성사되는 경우는 300건 중 1건 정도에 불과했다. 그래도 일단 무턱대고 전화를 돌리는 일을 반년간 계속했다.

　솔직히 말하면 입사 전에 내가 기대했던 것과 너무나도 다른 일이었다. 내가 상상했던 컨설턴트는 논리적인 전략을 세우고, 멋진 회의실에서 프레젠테이션을 하고, 기업을 변화시키는 사람이었다. 하지만 실제로 나에게 주어진 일은 완전히 다른 세상의 일이었다.

　전화를 거는 상대들은 대부분 중년의 중소기업 사장들로, 이제까지 살면서 전혀 접해 본 적이 없던 부류의 사람들이었다. 그래서인지 좀처럼 말이 통하지 않아 통화 자체도 쉽지 않았다. 어쩌다 운 좋게 통화에 성공을 하더라도 마음을 얻기가 여간 어렵지 않았다. 포기하고 싶은 마음이 굴뚝같았지만 근성으로 하루하루를 버텼다.

　그런데 그렇게 2~3개월 정도를 버티자 변화가 일어났다. 조금씩 상대의 마음을 읽을 수 있게 되면서 미팅 성사율이 높아진 것이다. 그리고 직접 영업도 나가게 되었다. 처음에는 좀 힘들었지만 무수히 많은 시행착오를 거친 끝에 거래처들과의 관계도 점차 돈독해졌다. 그리고 1년 후, 나는 회사에서 가장 높은 미팅 성사율과 계약 건수를 기록했다.

그 후 나는 컨설팅 부서로 옮겨 꿈에 그리던 경영 컨설턴트로 활동하게 되었다. 물론 그곳에서도 여러 가지로 고생이 많았지만, 좋은 상사와 클라이언트를 만난 덕분에 높은 실적을 올리고, 어디에 내놔도 부족함이 없는 경력을 쌓을 수 있었다.

여러 사람들과 어울려 일을 하면서 배운 것도 많았다. 특히 사회인으로서 성공하려면 주어진 환경을 나에게 맞게 바꿔나가는 힘이 필요하다는 사실을 알게 되었다. 그리고 그런 힘이야말로 사회인이 가져야 할 가장 중요한 능력이라고 나는 아직도 믿고 있다.

안타깝게도 대다수의 젊은 직장인들이 자신이 처한 환경 혹은 자신에 대한 주변의 평가에 불만을 갖고 있는 것 같다. '이 회사(혹은 일)는 나와 안 맞아.', '이 회사는 나를 제대로 인정해주지 않아.'라는 생각으로 쉽게 포기하고 이직을 반복하는 사람들이 적지 않다.

스스로 현재 자신이 놓인 환경을 바꾸려고 노력하지 않는 한, 세상 어디에도 100점짜리 직장이란 없다. 그리고 100점짜리 직장이 없으면 100점짜리 직장인도 없다.

이 책에서는 자신에게 주어진 환경을 변화시켜 사회인으로서 활약하고 성공할 수 있는 방법을

(1) 마인드

(2) 스킬

(3) 학습

(4) 인간관계

이상의 4가지 분야로 나누어 설명하고자 한다.

이 책을 계기로 뛰어난 능력과 가능성을 가진 젊은 직장인들이 사회에서 더욱 활약할 수 있게 되길 바란다.

세키 이와오

CONTENTS

CONTENTS

CONTENTS

제3장

학력이 전부가 아니다
[학습 편]

CONTENTS

제4장

상대의 마음을 읽어라
[인간관계 편]

제 1 장

직장에서 성공하는
사람의 조건

마인드 편

01
첫 스타트가 중요하다

　취직에 성공해서 이제 막 사회인이 된 사람에게 가장 중요한 것은 첫 스타트이다. 추후 다양한 일에 적극적으로 도전해 보고 싶다면 입사 후 3~6개월 사이에 승부를 걸어야 한다.

　그 기간 동안 주변 사람들에게 '가능성이 있는 친구다.', '다른 신입들에 비해 적극적'이라는 인상을 줄 수 있으면 기회는 자연스럽게 찾아온다. 찾아온 기회를 잘 활용하여 스스로를 갈고 닦으면 다시 새로운 기회가 주어진다. 입사 직후에는 이런 선순환을 만드는 것이 업무 능력을 익히는 것 못지않게 중요하다.

적극적으로 자신의 역량을 어필함으로써 기회가 찾아오고, 그렇게 얻은 기회가 또 다른 기회로 이어진다는 점을 기억하자.

진검승부는 빠를수록 좋다!

첫 스타트의 중요성에 대한 이해를 돕기 위해 프로 스포츠의 세계를 예로 들어보겠다.

일본 프로야구 선수들의 월별 출생률에 관한 통계치(2009년 기준)를 보면 4~6월에 출생한 선수가 전체의 37.2%로 가장 높은 비율을 차지하고, 그 중에서도 4월 출생이 55명으로 가장 많은 것을 알 수 있다. 반면 7~9월에 태어난 선수는 전체의 26.5%, 10~12월에 출생한 선수는 24.1%이다. 마지막으로 1~3월에 출생한 선수는 12%인 것으로 나타났다. 요컨대, 일본 프로야구에서 활약하고 있는 선수들의 상당수가 4~6월 출생자이고, 그 중에서도 특히 4월에 출생한 선수들의 비율이 가장높다.

나는 이런 현상이 절대 우연이 아니라고 생각한다. 프로야구 선수들 중에 4월 출생자가 많은 것은 그들이 또래들에 비해 일찍부터 승부의 세계에 발을 들여 놓았고, 이로 인해 남들보다 착실히 실력을 키울 수 있는 환경이 주어졌기 때문이라는 것이 나의 분석이다.

대부분의 프로야구 선수들은 초등학교 때부터 야구를 시작한다. 하지만 모두에게 평등한 기회가 주어지는 것은 아니다.

4월에 출생한 아이는 11개월이나 늦은 3월에 출생한 아이에 비해 신체적으로 더 발달되어 있다. 감독이나 코치 입장에서는 아무래도 신체적 조건이 더 좋은 4월 출생자를 시합에 내보낼 수밖에 없다. 그러면 그 아이는 실전 경험을 통해 자신의 장점이나 성취도를 확인할 수 있는 기회를 얻을 수 있고 그만큼 연습도 더 열심히 한다.

반면 시합에 나가지 못한 아이는 자신의 장점이나 결점을 파악할 수 있는 기회를 갖지 못해 의욕도 점점 떨어진다. 실제로 대학교 때 코치를 맡았던 초등학교 축구팀에도 그런 이유로 연습에 아예 나오지 않았던 아이가 있었다. 연습에 나오지 않으면 시합에 나간 아이와의 실력차가 점차 더 크게 벌어지고, 시간이 흐르면 흐를수록 더욱 더 그 차이를 극복하기 어려워진다.

한 살이라도 젊을 때 적극적으로 행동하라!

이는 비즈니스의 세계에서도 마찬가지이다.

젊은 나이에 출세한 사람들의 이야기를 들어보면 어느 날 갑자기 두각을 드러낸 경우는 거의 없다. 입사 후 반년 이내에 좋은 성과를 냈거나 첫 업무를 성공적으로 완수한 것이 계기가 되어 상사의 총애를 받고 남들보다 빨리 승진 기회를 잡은 경우가 대부분이다.

사회인으로서 성공하기 위해서는 첫 스타트가 중요하다. 스타트가 좋으면 기회가 기회를 부른다. 물론 신입사원 시절에 업무에 필요한 다양한 스킬을 시간을 들여 익히는 것도 중요하다. 하지만 이왕이면 남들보다 빨리 요령을 파악해서 실력을 발휘하고, 이를 인정받을 수 있다면 더 좋을 것이다.

인간은 주변 사람뿐만 아니라 환경의 영향도 많이 받는다. 필요한 상황이 아니면 능력을 발휘하지 않는 것이 인간의 습성이다. 이를 역으로 생각하면, 능력을 발휘할 수밖에 없는 환경으로 자신을 몰아넣어야만 자신이 가진 능력을 제대로 발휘할 수 있다는 말이 된다. 그러기 위해서는 스스로, 그리고 적극적으로 기회를 만들어야 한다.

　소극적인 사람일수록 남들보다 빨리 더 적극적으로 행동할 필요가 있다. 적극성이 없으면 제 아무리 뛰어난 능력도 무용지물이다. 자신이 가진 능력을 제대로 발휘하기 위해서는 언제가 됐든 한번쯤은 적극적으로 나서야 한다. 그리고 이왕 할 거라면 빨리 하는 편이 낫다.

　신입 시절이든 입사 3~5년째든 자신의 적극성을 어필하는 데 드는 노력은 사실 상 큰 차이가 없다. 하지만 그 대가로 얻을 수 있는 것은 전자가 후자보다 몇 갑절 더 크다.

입사 후 3개월이 승부처다!

　참고로 나는 적극적이지도 않고 소극적이지도 않은 성격이다. 하지만 적극성의 중요성에 대해 이미 알고 있었기 때문에 입사 직후부터 의도적으로 일을 찾아서 했다. 주어진 업무 이외에도 "주말에 한가하니까 다른 일도 시켜주십시오."라며 자발적으로 다른 업무들도 도맡아 했다. 아마 주변 사람들은 꽤

나 의욕이 넘치는 녀석이라고 생각했을 것이다.

이렇게 적극성을 보여주고 맡겨진 업무를 잘 처리하며 실력을 쌓았다. 그 이후엔 내가 먼저 말하지 않아도 알아서 다양한 일들이 주어졌다.

다시 한 번 강조하지만 자신이 가진 적극성을 어필하는 것이 가장 큰 효과를 내는 시기는 입사 직후이다. 회사에 갓 입사한 사람은 자신이 가진 적극성과 능력을 3개월 내에 모두 발휘해 내야 한다. 새로운 세계에서 커리어를 시작할 때는 무엇보다 자신의 존재를 알리는 것이 가장 중요하기 때문이다.

업무 문의를 하거나 자료를 제출할 때도 적극적으로 자신을 어필하자. 내가 이만큼 열심히 노력하고 있다는 사실을 상대가 알게 하는 것이 중요하다.

> **Tip**
>
> **입사 후 반년 이내에 적극성을 어필하는 것이 성공을 위한 첫 걸음이다.**

02

내가 오를 산은 내가 결정한다

소위 잘 나가는 직장인들의 공통점 중 하나는 '내가 오를 산은 내가 결정한다.'는 마인드를 갖고 있다는 것이다. 여기서 말하는 '내가 오를 산'이란, 어떤 일을 할 때 내가 지향하고자 하는 목표를 의미한다.

'내 목표는 내가 정한다.'는 말은 언뜻 들으면 너무나도 당연해서 새삼 강조할 것도 없어 보인다. 하지만 실제로 따져보면 10대, 20대 때 자신의 목표를 스스로 결정해 본 적이 있는 사람은 생각보다 많지 않다.

예를 들어 대학을 선택할 때는 자신의 목표보다 수능 성적에 따라 합격 가능성이 높은 학교를 선택하는 것이 일반적이다. 구직활동을 할 때도 인기기업 순위를 참고하거나 인지도가 높은 대기업을 선택하는 경우가 대부분이다. 즉, 내가 가진 강점과 특성을 고려해서 가고 싶은 회사를 결정하는 것이 아니라 '남들이 좋다고 하는 회사'를 자신의 목표로 삼는 것이다.

목표가 성공을 낳는다

자신의 목표를 스스로 결정해 본 경험 없이 사회생활을 시작하면 여러 가지 문제가 발생한다.

예를 들어 한 신입 사원이 입사 1년 만에 동기들 중에 가장 좋은 성과를 올렸다고 해보자. 목표를 스스로 결정할 줄 모르는 사람은 그 다음에 자신이 무엇을 해야 할지, 즉 무엇을 다음 목표로 삼아야 할지 모른다. 실제로 젊어서 한 때 성공가도를 달렸으나 다음 목표를 찾지 못해 결국 별 볼일 없는 월급쟁이로 회사 생활을 마감하는 경우를 적지 않게 볼 수 있다. 반면 자신이 오를 산(=목표)을 스스로 결정할 줄 아는 사람은 계속해서

승승장구할 수 있고 결국 원하는 성공도 손에 넣을 수 있다.

이 때 목표를 정한다는 말의 뜻은 구체적으로 어떤 과정을 거쳐 얼마만큼의 속도로 자신의 커리어를 발전시켜 나갈 수 있는지를 생각하는 것이다.

작게는 주어진 목표치의 2~3배를 나만의 목표로 설정할 수 있을 것이다. 그리고 크게는 일반적으로 5년 정도가 걸려야 달성할 수 있는 커리어에 1~2년 만에 도달할 수 있을지 등을 생각해 보는 것도 좋다. 중요한 것은 회사에서 주어진 업무뿐만 아니라 스스로 목표를 정하고 자신이 할 일을 결정하려는 자세이다.

목표를 정할 때는 과거의 비슷한 경험을 떠올려 보는 것이 도움이 된다. 제 아무리 사소하고 작은 일이라 하더라도 상관없다. 자신의 의지로 목표를 정해놓고 노력했던 경험이라면 학창시절 동아리활동을 하면서 경험한 것이든 직장인이 된 후 경험한 것이든 다 괜찮다.

예를 들어 학창시절 동아리활동을 통해 전국 최고상을 받아본 경험이 있는 A씨와 B씨가 같이 면접을 보게 됐다고 해 보자.

A씨가 활동했던 테니스 동아리는 선후배 간 위계질서가 엄

격한 전형적인 운동부 스타일의 동아리였다. 그런 분위기 속에서 선배들과 함께 훈련을 하다 보니 A씨도 자연스레 실력이 향상되어 상까지 받게 되었다.

반면 B씨는 입학한 대학에 마음에 드는 댄스 동아리가 없어서 직접 친구들과 함께 동아리를 만들었다. 실력 있는 코치를 섭외하고 직접 훈련과정을 고안한 결과, 아슬아슬한 차이로 상대팀을 누르고 전국대회에서 우승을 거머쥘 수 있었다.

이처럼 A씨와 B씨 모두 '전국 최고'라는 타이틀을 갖게 되었지만 그 과정은 전혀 다르다. 주변에서 정해준 산을 오른 A씨와 스스로 자신이 오를 산을 정한 B씨. 당신이 면접관이라면 이 두 사람 중 누구를 채용하겠는가? 당연히 후자일 것이다.

등산은 속도도 중요하다!

시대의 흐름과 함께 사회적인 배경이 변화함에 따라 인재를 평가하는 기준도 달라졌다. 오늘날 기업들이 원하는 인재는 이제까지와는 다른 새로운 방식을 발견할 수 있는 사람이다. 이미 정해져 있는 길을 그대로 따라 걷는 것이 아니라 새로운 길을 만들 수 있는 사람, 즉 혁신을 일으킬 수 있는 사람을 필요로 하고 있는 것이다. 그런 의미에서 스스로 자신이 오를 산을 정하는 사람이야말로 이 시대가 원하는 인재상이라 할 수 있다.

등산이 그러하듯 처음부터 높은 산을 오르려고 하면 많은 어려움이 따른다. 처음에는 낮은 산부터 시작해서 조금씩 난이도를 높여 가도록 하자. 낮은 산을 등산한 경험들이 쌓이다 보면 어느새 높은 산도 어렵지 않게 오를 수 있게 된다.

상사가 목표를 정해 지시하기 전에 미리 나름대로 자신만의 목표를 설정해 보자. 예를 들어 상사의 목표를 '1년 동안 2,000만 엔의 판매 수익을 내는 것'으로 예상했다면, 본인의 목표는 이보다 높은 '6개월 동안 4,000만 엔'으로 설정한다. 그리고 자신이 세운 목표를 이루기 위해 행동한다. 만약 실제로 상사의 목표가 '1년 동안 2,000만 엔'이었고, 스스로 정한 목표를 달성한다면, 결과적으로 상사가 지시한 목표보다 4배나 높은 성과를 낼 수 있다.

이런 업무 방식이 습관화되면 훗날 리더가 되었을 때 스스로 조직의 목표를 정할 수 있는 능력을 갖게 되어 보다 높은 곳까지 오를 수 있게 될 것이다.

Tip

**스스로 목표를 정하고, 속도를 의식하면서 그 목표를 달성해
나간다. 정상을 최종 목표로 삼아 난이도를 조금씩 높여간다.**

03

개인적 욕구 VS
사회적 책임 의식

이제 막 사회에 첫 발을 디딘 젊은 직장인들이 사회생활에서 성공하기 위해서는 '개인적 욕구'와 '사회적 책임 의식'을 가져야 한다. 만약 당신이 이 두 가지를 갖고 있다면 성공을 위한 강력한 무기를 손에 넣은 것이라 자신해도 좋다.

여기서 '개인적 욕구'란, 개인적으로 실현하고 싶은 것이나 얻고자 하는 것을 의미한다. 한편 '사회적 책임 의식'이란, 자신이 가진 능력을 사용해서 어떻게 사회에 공헌할 것인가를 고민하는 것을 말한다.

과거에는 개인적인 욕구가 동기가 되어 비즈니스를 시작하는 경우가 대부분이었다. 많은 창업자 혹은 리더들이 '돈을 벌고 싶어서', '지위나 명성을 얻고 싶어서', 그리고 '다른 사람의 존경을 받고 싶어서' 등의 개인적인 욕구로 비즈니스 세계에 뛰어들었다.

하지만 최근에는 아직 소수이긴 하지만 사회적 책임 의식을 중시하는 젊은 경영인들과 청년 창업가들이 주목을 받고 있다. 또한 젊은 층을 중심으로 '사회에 공헌해야 한다.', '사회적 책임 의식을 가져야 한다.' 등의 생각들이 점차 확산되어 가는 추세이다.

그런 분위기 속에 '사업을 하고 싶긴 한데 구체적으로 무엇을 하면 좋을지 모르겠다.' 혹은 '사회에 공헌할 수 있는 일을 하겠다는 비전이 없다.'며 고민하는 젊은이들을 볼 수 있다.

앞서 말했듯이 개인적인 욕구와 사회적 책임 의식을 모두 갖고 있으면 경쟁에서 이길 확률이 상대적으로 높아진다. 하지만 그렇다고 해서 처음부터 꼭 이 둘을 다 갖고 시작해야 하는 것은 아니다. 처음에는 사회적 책임 의식 없이 개인적인 욕구만으로 시작해도 좋다. 개인적인 욕구가 동기가 되었다고 해서 그 욕망이 나쁘거나 악한 것은 절대 아니다.

개인적인 욕구로 시작하라

사회적 책임 의식을 갖고 있지 않은 사람은 먼저 개인적인 욕구로 시작하자. 일단 시작한 후 일을 진행하다 보면 점차 시야가 넓어져 자신의 능력을 활용하여 사회에 공헌할 수 있는 방법을 발견하게 된다. 직장생활을 통해 커리어를 쌓으면서 자연스럽게 사회적 책임 의식이 생겨나는 경우도 있다. 그러면 개인적인 욕구와 사회적 책임 의식을 조금씩 함께 키워 나가면 된다.

다시 말하지만 개인적인 욕구와 사회적 책임 의식 양쪽 모두를 갖는 것이 중요하다. 1년에 한 번 나의 개인적인 욕구와 사회적 책임 의식을 확인해 보자. 설령 둘 중 하나만 갖고 있다고 하더라도 괜찮다. 중요한 것은 어느 한쪽이 공백상태라는 사실을 스스로 인식하고 있는 것이다.

그런 인식을 갖고 일을 하면 어느새 두 가지 요소가 자연스럽게 체화된다. 사회생활을 위한 강력한 무기를 비로소 손에 넣게 되는 것이다.

> **Tip**
> **자신의 욕구를 위해 일하다 보면 사회적 책임 의식도 자연스럽게 생겨난다.**

04

모든 일을 발전적으로
받아들인다

일찍부터 자신의 분야에서 두각을 나타내는 사람들을 보면 대체적으로 긍정주의자들이 많다. 설령 어떤 일에서 실패를 하더라도 그 결과를 긍정적으로 받아들이고, 더 나아가 그 실패를 교훈 삼아 또 다른 기회가 왔을 때 더 좋은 결과를 이끌어 낼 수 있다.

그렇다고 그들이 원래부터 긍정적인 성격을 타고났느냐 하면 절대 그렇지 않다. 다양한 경험들을 거쳐 긍정적인 성격을 체득하게 된 경우가 대부분이다. 이른바 '후천적 긍정주의자'들인 것이다. 그렇다면 이들 후천적 긍정주의자들의 성공비결은 과연 무엇일까?

오늘날 비즈니스 환경은 그 변화 속도의 눈부심으로 인해 한 치 앞을 내다볼 수 없는 상황이 되었다. 어제의 방식이 당장 내일은 통하지 않는 경우도 다반사이다. 그런 환경에서 새로운 것에 도전하여 실패하는 것은 어찌 보면 당연한 일이다. 그런데 그럴 때마다 끙끙 대며 괴로워하다가는 절대 사회인으로서 성공할 수 없다.

요즘 같은 비즈니스 환경에서 머릿속으로 계산하고 예측할 수 있는 것은 전체의 70% 정도에도 미치지 못한다. 나머지 30%는 실제로 시도하지 않으면 알 수 없는 것이다. 최근에는 직접 행동으로 옮기지 않고는 알 수 없는 분야들이 점점 더 많아지고 있다. 이런 변화를 생각하면 실패는 피할 수 없다.

나는 평소에 "반성은 해도 후회는 하지 않는다."는 말을 자주 한다. 나에게는 인생의 모든 것이 '학습'이다.

실패를 성장의 또 다른 기회로 삼고, 이를 발판 삼아 앞으로 나아갈 줄 아는 사람은 그 과정에서 무수히 많은 대안들을 직접 행동으로 옮긴다. 그리고 그런 경험들이 쌓이면 필연적으로 확실한 대안을 제시할 수 있는 안목을 갖게 되고 그만큼 성공

확률도 높아진다. 최종적으로는 높은 성공률이 좋은 평가로 이어져 출세와 성공을 불러온다.

요컨대 사회인으로서 성공하기 위해서는 실패가 당연하다는 시대적 상황을 이해하고, 실패를 받아들이고 성장의 발판으로 삼을 수 있어야 한다. 특히 타고난 성격이 부정적인 사람이라면 후천적 긍정주의자가 되기 위해 더 노력해야 한다.

실패를 기록하라

성격이 부정적인 사람에게는, 어떤 일에 실패했을 때 그 내용을 이메일이나 일기로 상세히 기록하는 방법을 추천한다. 이때 실패의 내용뿐만 아니라 실패한 원인을 함께 적어보고, '그때 이렇게 했으면 좋았을 텐데…'라는 생각도 적어 둔다. 그러면 비슷한 상황이 발생했을 때 그 기록을 참고해 보다 쉽게 해결 방법을 찾아낼 수 있다.

실제로 우리 회사에서는 최종 업무보고서를 쓸 때, 만약 그 일이 잘 안 되었을 경우에는 마지막 부분에 반드시 그 실패 원인도 함께 기록하도록 하고 있다. 그리고 추후에 비슷한 프로젝트를 진행할 경우 어떻게 하면 좋을지도 함께 적도록 한다. 이렇게 하면 똑같은 실수를 막을 수 있다.

요컨대 실패를 받아들이는 것만으로는 앞으로 나아갈 수 없다. 실패 원인을 제대로 파악하지 않으면 다음번에 또 같은 실수를 반복할 위험이 높다. 한 번 한 실패를 반복하지 않고 이를 극복할 수 있게 되면 실패는 곧 '좋은 경험'이 된다.

반대로 타고난 성격이 긍정적인 사람들은 아예 반성 자체를 하지 않는 경우가 많다. '어쩔 수 없지. 괜찮아.'라고 생각하고 바로 다음으로 넘어가 버리는 것이다.

반성하지 않는 사람은 같은 실패를 반복할 가능성이 매우 높다. 같은 실패를 반복하는 사람에 대한 사회의 평가는 매우 냉정하다. 사원들의 도전을 적극 장려하는 회사라 하더라도 똑같은 실패를 반복하는 사람에 대해서는 절대로 인정해주지 않는다.

실패는 성장의 자양분

실패를 성장을 위한 기회로 받아들일 줄 아는 사람은 발전한다.

예를 들어 당신이 팀장을 맡고 있는 팀에 고객들로부터 유독 클레임을 많이 받는 팀원이 있다고 하자. 이 상황을 어떻게 받아들이는 것이 좋을까? 바람직한 자세는 먼저 사태의 심각성을 인식하고, 이어 '내가 그 팀원을 더 잘 배려했다면 애초에 그런 문제가 생기지 않았을 거야. 그래, 아직 개선의 여지는 있어.'라고 생각하는 것이다.

요컨대 실패를 성장을 위한 기회로 받아들이고 다음에 같은 실패를 범하지 않도록 해결 방법을 모색하는 것, 바로 이것이 '후천적 긍정성'이다. 이런 식의 사고가 가능하면 같은 실패를 반복하지 않고 실패 후에도 신속히 상황을 처리할 수 있다. 그러면 다음 도전의 성공확률도 높아진다.

하지만 실패를 성공의 기회로 삼으라는 말을 듣고 행동으로 옮기려 해도 막상 마음먹은 대로 잘 되지 않을 것이다. 그럴 때는 이렇게 생각하길 바란다.

한 회사 혹은 하나의 업무는, 한 사람의 커리어를 이루는 무수히 많은 작은 단계에 불과하다. 그러나 개인의 커리어는 외길처럼 쭉 뻗어있다. 이런 큰 관점에서 생각하면 오늘의 실패는 내일의 성공을 위한 훌륭한 자양분이 된다는 사실을 이해할 수 있을 것이다.

일반적으로 한 사람의 커리어 인생을 시간으로 따지면 40년 정도가 된다고 한다. 실패로 인해 자신이 알지 못했던 것을 확실히 알게 됐다면, 그로써 40년 커리어 인생을 위한 질 좋은 자양분을 얻게 되는 셈이다.

젊은 시절의 실패는 플러스로!

물론 비즈니스 세계에는 그런 방식으로 해결할 수 없을 정도로 큰 실패도 있다. 하지만 3년 차 미만의 경력을 가진 사람에게 그런 중요한 업무가 주어지는 경우는 거의 없다. 바꿔 말하면 입사 후 3년 이내에 실패를 성장의 기회로 삼을 수 있는 훈련을 충분히 해서 그 기술을 자기 것으로 만들어야 한다.

직급이 올라갈수록 그런 기술이 더 중요해진다. 회사를 책임 져야 하는 위치에 오르면 실패의 충격을 흡수하는데 허락되는 시간은 채 하루가 되지 않는다. 때에 따라서는 단 5분 만에 실 패를 받아들이고, 실패 원인을 분석하고 바로 다음 단계로 넘 어가야 할 경우도 있다.

경영인들을 만나 보면 긍정적인 성격의 소유자들이 많다. 물 론 그들이 태어날 때부터 모두 긍정적인 사람이었던 것은 아니 다. 그렇다면 그들은 어떻게 긍정적인 성격을 갖게 되었을까?

회사를 경영하다 보면 경기가 갑자기 나빠져 예상치 못했던 위기 상황을 맞거나 거래처가 도산해서 큰 피해를 입거나, 혹 은 믿었던 사원에게 배신을 당하는 등, 크고 작은 사고들이 끊 이지 않는다. 그럴 때마다 일일이 좌절하고 괴로워하면 정신적 으로 버텨낼 수가 없다. 즉, 실패를 극복하고 상황을 빠르게 전 환시키는 스킬을 체득하지 않으면 살아남을 수 없는 것이 경영 의 세계인 것이다.

Tip
큰 관점에서 실패를 받아들이고 성공의 자양분으로 삼아라.

05

가짜 명함을 만들어라

젊은 나이에 일찌감치 비즈니스 세계에서 두각을 나타내는 직장인들에게는 공통점이 있다. 다른 사람들에 비해 업무를 대하는 관점이 한 단계 높다는 점이다. 관점이 한 단계 높다는 것은 평사원 때부터 '내가 대리나 과장, 팀장이라면 어떻게 할 것인가?'라는 관점에서 업무를 수행하는 것을 말한다.

평사원으로서 업무를 지시 받는 입장이 되면 대부분의 경우 당장 눈앞에 있는 업무를 어떻게 이행할 것인가만 생각하고 주변을 돌아보지 않는다. 하지만 지시를 내리는 입장에서 업무를 대하면 '나는 이 분야에 자신이 있고 A씨는 그 분야에 강하니까 우리 둘이 힘을 모으면 더 효율적으로 일을 진행할 수 있을 거야.'라는 생각을 할 수 있게 된다.

업무를 대하는 관점을 높이면 상사에게도 좋은 평가를 받을 수 있다. 왜냐하면 관점을 높임으로써 자연스럽게 상사에게 감정이입이 가능해지기 때문이다.

예를 들어 팀원들 간의 불화 때문에 업무에 지장이 생겼다고 하자. 평사원의 관점에서 보면 '팀원들 사이가 안 좋아서 일하기 피곤하다.'라고 불평불만을 늘어놓기 십상이다. 하지만 상사의 관점을 가진 사람은 '업무를 원활히 진행하려면 무엇을 개선해야 할까?'를 먼저 생각한다. 그러면 상사 입장에서는 본인의 마음을 알아주는 그 팀원에게 아무래도 호감을 가질 수밖에 없다.

요컨대 관점을 높임으로써 갖고 있는 능력을 더 잘 발휘할 수 있는 환경을 만드는 것이다.

현재의 위치보다 한두 단계 높은 목표를 설정하라

평사원 때부터 실제보다 한 단계 높은 관점에서 업무를 대해 온 사람은 실제로 그 지위에 올랐을 때 남들보다 빨리 성과를 낸다. 이미 사전에 시뮬레이션을 해 봤기 때문에 이른바 '학습 기간'이 필요 없게 되어 그만큼 발전 속도가 빠른 것이다. 이역시 업무를 대하는 관점을 높였을 때 기대할 수 있는 효과 중하나이다.

한 단계 높은 관점에서 생각하는 업무 방식을 체득하기 위한 방법으로 소위 '가짜 명함'이라는 것이 있다. 말 그대로 실제보다 한 단계 높은 직급을 써놓은 가짜 명함을 만들어 갖고 다니는 것이다. 예를 들어 당신이 평사원이라면 가짜 명함의 직급은 과장이 된다. 만약 당신이 과장이라면 직급을 부장으로 고쳐 쓴다.

이 때 단순히 직급을 고쳐 쓰기만 해서는 의미가 없다. 중요한 것은 관점을 높임으로써 업무를 대하는 사고방식을 새롭게 하는 것이다. 일이 잘 안 풀려 의기소침해졌을 때 가짜 명함을 보고 '내가 이 위치였다면 이렇게 행동했겠지.'라는 식으로 생각하면 의외로 새로운 발상이 떠오르는 경우가 많다.

단, 관점을 높이라고 해서 현재에 비해 너무 높은 단계로 관점을 높이는 것은 좋지 않다. 종종 '경영자처럼 생각하고 일하라.'고 말하는 사람들이 있는데, 나는 그 의견에 동의하지 않는다. 현재와의 차이가 너무 크면 제대로 그 상황을 짐작하기가 쉽지 않기 때문이다.

이미지마저 제대로 떠오르지 않을 정도로 관점을 높여 버리면 뜬구름 잡는 식의 발상을 할 수 있다. 그러면 '자네는 언제까지 그런 꿈같은 이야기만 할 텐가.'라고 핀잔을 들을 게 분명하다. 관점을 올리는 기준은 현재보다 한두 단계 정도 위로 설정하는 것이 가장 적절하다.

그런데 최근에는 출세를 해서 높은 자리에 올라가는 것보다 평사원으로 일하는 것을 더 선호하는 젊은 직장인들도 많다. 직급이 높아지면 책임도 많아지고 근무시간도 늘어나기 때문이라고 한다. 물론 자신이 원하지 않는다면 위를 바라보지 않고 현재 자리에서 열심히 일하는 것도 나쁘지 않다. 단, 관점을 높여 업무를 대하면 현재의 업무를 보다 효율적으로 처리할 수 있게 된다. 그런 의미에서 본인이 출세에 뜻이 없다 하더라도

자신만의 가짜 명함을 만들어 보자. 그러면 업무의 효율성이
한층 높아질 것이다.

06

편견을 버리면
더 정확히 판단할 수 있다

다른 사람들에 비해 뛰어난 능력을 갖고 있음에도 불구하고 이렇다 할 성과를 내지 못하는 사람들이 있다. 이들은 모두 하나같이 자존심이 세고 솔직하지 못하다는 공통점을 갖고 있다.

사회인이 되면 자신이 가진 능력이 아무리 뛰어나다 하더라도 능력만큼의 성과를 내지 못하거나, 상사에게 질책을 받는 일이 부지기수이다. 그럴 때 실패나 조언을 진지하게 받아들이고 이를 변화의 동력으로 삼는 사람은 사회인으로서 성공할 확률이 높다.

반면 솔직하지 못한 사람은 자신의 실패나 상사의 조언을 인정하려 들지 않는다. 그 결과 변화하지 못하고 그대로 정체된다. 실제로 많은 고학력자들이 이런 이유 때문에 자신이 갖고 있는 뛰어난 능력을 썩혀 버린다.

솔직하지 못한 사람들의 공통점은 스스로 자신 있다고 생각하는 영역에서 상대를 평가한다는 점이다. 다른 사람들과 자신을 비교할 때도 자신이 가진 강점을 기준으로 삼는다.

예를 들어 상사에게 지시를 받았을 때 이과 출신인 사람은 상사의 논리성을 문제 삼아 부정적으로 받아들이고, 해외 체류 경력이 있는 사람은 다양성이 부족하다며 상사 뒤에서 불만을 늘어놓는다. 다른 사람이 활약하는 것을 보면서, '나처럼 작은 부분까지 꼼꼼히 챙기지도 못하면서 저렇게 잘 나가는 걸 보니 운이 정말 좋군.'이라며 깎아 내리기에만 급급한다.

자신이 가진 강점을 기준으로 다른 사람을 평가하는 것은 결국 '내가 최고다.'라고 주장하는 것 밖에 되지 않는다. 그리고 그런 식으로 주변 사람을 평가하고 깎아 내리다 보면, 어느새 자신에 대해서도 그런 편향된 평가가 돌아온다. 다양성이 부족하다고 불만을 늘어놓았던 상사에게 역으로 '자네는 다양성 면에서는 뛰어날지 몰라도 업무를 끝까지 완수하는 능력은 없는 것

같아.'라는 말을 듣게 될 것이다.

상사와 부하직원이 이런 식으로 각자의 강점을 내세워 서로의 약점을 비판하는 관계가 되면 피차 도움도 되지 않고 배울 것도 없다.

다른 사람의 강점으로 자신의 약점을 극복한다!

솔직하지 못한 사람은 부족한 부분 혹은 고쳐야 할 부분을 개선하지 못한 채 허송세월을 보낸다. 이러면 절대로 성장하기 어렵다.

물론 자신이 가진 강점은 정확히 인식하고 있어야 한다. 하지만 그 강점을 다른 사람과 자신을 비교하는 기준으로 삼고, 자신만의 전문성으로 상대를 평가하는 잘못을 범해서는 안 된다. 자신에 대해 솔직해질 때 성장 가능성도 높아진다. 특히 사회생활을 막 시작한 젊은 직장인일수록 주변 사람들의 다양한 장점을 최대한 많이 배우고 흡수하려고 노력하는 자세가 필요하다.

요컨대 사회인으로 성공하기 위해서는 자신이 가진 강점을 부각시키고 발휘할 수 있어야 한다. 단, 그 강점을 기준으로 자신과 다른 사람을 비교하고 평가하지 않도록 주의해야 한다. 자신의 강점을 발휘하는 것과 그 강점을 기준으로 다른 사람을 평가하는 것은 별개의 문제이다.

> **Tip**
>
> **솔직한 자세로 다른 사람들의 강점을 인정하고 내 것으로 만들자.**

07

좋은 머리로 변명을
찾아내지 않는다

　주변 사람들에 비해 머리가 좋거나 갖고 있는 지식이 풍부함에도 불구하고, 성과를 내지 못하는 사람들이 있다. 그들에게는 '안 되는 이유'를 논리정연하게 변명한다는 공통된 특징이 있다. 왜 변명을 잘 하는 사람은 성과를 내지 못하는 것일까? 실제 사례를 통해 그 이유를 알아보자.

　예전에 업무 차 한 대기업 사장과 회식 자리를 가진 적이 있었다. 그 회사는 당시 다양한 분야로 사업을 전개하여 연간 1,000억 엔 이상의 높은 매출을 올리고 있었다. 사장은 밑바닥부터 시작해 각고의 노력 끝에 성공한 매우 뛰어난 사람이었다.

식사를 하던 중에 그에게 이런 질문을 던져 보았다.

"상당히 다양한 분야의 사업을 벌이고 계신데, 관리는 어떻게 하시나요?"

그랬더니 "저는 오직 결과만 생각합니다."라고 매우 명쾌하게 대답했다. 딱 잘라 말하던 그 모습이 지금까지 인상 깊게 남아있다.

이어 "그래도 시장의 성장성이나 배경 같은 다른 요소들도 고려하시겠지요?"라고 되물으니, 사장은 "아니요, 그런 건 신경 안 씁니다. 중요한 건 결과뿐입니다."라고 대답했다.

머리가 좋은 사람이니 분명 시장상황이나 여러 가지 요인을 고려해 가며 사업을 진행하고 있을 것이라고 생각했던 나의 허를 찌르는 대답이었다.

실패를 솔직히 인정하라

지금 생각해 보면 도망갈 구석을 미리 만들어 두지 않겠다는 생각에서 나온 대답인 듯 하다. 도망갈 구석을 미리 만들어 두면 영리한 사람은 그곳으로 쉽게 도망쳐 버리기 때문이다.

비슷한 맥락에서 한 번은 다른 기업가에게 이런 이야기를 들은 적이 있다.

"컨설턴트들은 머리가 좋아서 그런지 변명도 잘 하는 것 같아요. 그런데 저는 그게 별로 좋아 보이지 않습니다."

직업 특성상 컨설턴트들은 시장환경이나 경쟁사의 상황, 자사의 강점과 약점 등에 관한 정보를 지나칠 정도로 많이 갖고 있다. 그리고 일이 실패했을 때 그 정보들을 실패 요인으로 내세운다. 즉, 성공을 위해 수집한 정보를 역으로 실패를 정당화하는 도구로 사용하는 것이다.

실제로 임원회의에서 실패사례를 보고할 때도 '죄송합니다.' 라고 솔직히 인정하고 사죄하지 않는다. 대신에 "이러이러한 방해 요인들로 인해 미처 예상하지 못했던 일이 벌어졌습니다. 상식적으로 생각했을 때 절대 있을 수 없는 일이 벌어졌어요." 라고 변명을 늘어놓는다.

물론 실패의 원인을 분석하고 어떻게 하면 일을 성공시킬 수 있을 것인가를 고민하는 것은 중요하다. 하지만 그 실패 원인을 변명의 도구로 삼아 책임을 모면하려 하는 것은 좋은 태도가 아니다.

요즘처럼 정보를 수집하기 좋은 환경에서는 성공한 이유를 설명하는 것도 실패를 정당화하는 것도 간단하다. 상황에 대한 다양한 해석이 가능해진 만큼 변명하기도 쉽다. 특히 머리가 좋은 사람일수록 변명을 잘 하고 주변의 비판으로부터 자신을 방어하기가 쉬워졌다.

하지만 그런 식으로 변명하다 보면 유능한 사회인으로서 성장할 수 없다. 성공하는 사회인이 되려면 좋든 나쁘든 결과를 있는 그대로 받아들이고 실패했을 때는 '죄송합니다.'라고 용기 있게 말할 수 있어야 한다. 그래야 새롭게 다음 도전에 임할 수 있고 좋은 성과를 낼 수 있다.

회사를 경영하는 사람들 중에는 "머리가 좋은 녀석들은 말도 안 되는 변명을 늘어놓기 때문에 채용하지 않는다."고 단언하는 사람들도 있다. 머리가 좋아서 오히려 손해를 보는 일이 없도록 주의하자.

> **Tip**
>
> **실패 원인을 철저히 분석하고 실패를 솔직하게 인정하는 자세가 중요하다.**

08

나의 시장가치를 알자!

　학교를 졸업하고 사회인이 되는 순간 모든 사람들에게는 각자 나름의 가격표가 붙여진다. 즉, 사람이 곧 상품이 되는 것이다. 한 사람이 사회에서 어느 정도의 가치를 발휘하고 있는지는, 그 사람에게 얼마짜리 가격표가 붙어 있느냐를 보면 알 수 있다.

　그런데 자신의 시장가치를 가장 정확히 파악하고 있어야 할 사람은 다름 아닌 자기 자신이다. 자신의 시장가치를 알기 위해서는 자신이 가진 강점이 무엇인지를 명확히 알고 있어야 한다.

　취직이나 이직을 위해 면접을 보러 가면 으레 "당신의 강점은 무엇입니까?"라는 질문을 받게 된다. 비즈니스 시장에 나온 이상, 내가 어떤 강점을 갖고 있고, 그 강점을 활용하여 얼마만큼 회사에 공헌할 수 있는가를 어필할 수 있어야 한다. 따라서 '나'라는 상품을 언제라도 프레젠테이션 할 수 있도록 만반의 준비를 갖춰둬야 한다.

자신이 가진 강점을 발견하는 가장 간단한 방법은 평소에 자신이 다른 사람들과 어떤 점이 다른지 살펴보는 것이다. 일을 하다 보면 동료들과 같은 일을 했는데도 다른 결과가 나올 때가 있다. 결과가 다른 이유는 각자의 강점과 약점이 다르기 때문이다. 이 때 구체적으로 어떤 부분이 달랐는지를 나름대로 정리해 두면 자신의 강점을 파악하는 데 도움이 된다.

같은 사무실에서 일하는 영업직이라도 영업실적이 좋은 사람과 그렇지 못한 사람이 있다. 같은 기획직이라도 아이디어가 신선하다는 평가를 받는 사람이 있는가 하면, 계속해서 퇴짜만 맞는 사람도 있다.

이처럼 사람이라면 누구나 강점도 있고 약점도 있다. 중요한 것은 평소에 자신이 가진 강점과 약점을 잘 파악해 두고, 언제라도 다른 사람 앞에서 설명할 수 있도록 준비해 두는 것이다.

이 때 적절한 에피소드를 활용하여 이야기를 전개시킬 수 있으면 상대를 더 잘 이해시킬 수 있다.

요컨대 사회인이라면 자신이 가진 강점을 정확히 인식하고 있어야 한다. 단, 앞서 말했듯이 그 강점을 다른 사람을 판단하거나 비교하는 기준으로 삼아서는 안된다.

주변 사람들에게 자신의 강점에 대해 물어라

어떤 일을 마무리하면 그 성공 여부와 관계없이 주변 사람들에게 그런 결과가 나온 이유를 물어보자. 상대는 누구라도 상관없다. 상사도 좋고 선배도 좋고 함께 일을 진행한 다른 회사 사람도 좋다. 중요한 것은 다른 사람의 이야기를 듣고 객관적으로 자신의 강점을 파악하는 것이다. 그렇게해서 파악한 강점은 '나'라는 상품을 설명하는 중요한 키워드가 된다. 연예인이나 스포츠 선수들이 저마다 자신을 대표하는 문구들을 갖고 있는 것처럼, 비즈니스맨도 자신을 한 마디로 표현할 수 있는 대표적인 문구를 갖고 있어야 한다.

기업 차원에서 전략을 세울 때 가장 중시하는 것이 자사의 강점을 어떻게 활용할 것인가 하는 점이다. 이는 비즈니스맨이 커리어 전략을 세울 때도 마찬가지이다. 자신의 강점을 어떻게 활용해서 회사에 얼마만큼 공헌할 수 있는지 고민해야 한다.

Tip
자신의 강점을 파악해서 '나'라는 상품을 프레젠테이션하자.

09

고마움을 표현할 줄 아는 사람이 성공한다

사람들이 성공을 대하는 태도는 일반적으로 크게 두 가지로 나눌 수 있다. '내 능력 덕분이지.'라고 자화자찬하는 사람이 있는 반면 '주변에서 도와준 덕분입니다.'라고 주변 사람들에게 그 공을 돌리는 사람이 있다. 이런 태도의 차이는 사물에 대한 인식의 차이에서 비롯된다.

사회인으로 성공하기 위해서는 주변에 고마움을 표현할 줄 알아야 한다.

그 좋은 예가 스포츠 선수들이다. 프로야구에서 MVP를 수상한 선수들이 인터뷰에서 이런 말을 하는 것을 들어본 적이 있을 것이다.

"여러 가지로 조언을 아끼지 않으셨던 감독님, 연습을 도와주신 코치님, 그리고 보이지 않는 곳에서 도움을 준 스태프들에게 감사한다는 말씀을 드리고 싶습니다."

이런 말을 듣고 '진짜 그렇게 생각하는 거야? 그냥 인사치레겠지.'라고 생각하는 사람도 있을 것이다. 하지만 지속적으로 좋은 성과를 내는 사람은 진심으로 주변에 고마움을 느끼고 그 고마움을 표현할 줄 안다.

고마움을 표현할 줄 알면 다음의 두 가지 점에서 유리하다.

첫째로 주변의 협력을 얻기 쉽다. 경의를 품고 사람들을 대하면 상대는 기꺼이 도와주고 싶다는 생각을 갖게 된다. 주변의 도움이 있다면 성공확률도 당연히 높아진다.

두 번째 이점은 자신이 성공할 수 있었던 이유를 정확히 파악할 수 있다는 점이다. 비즈니스에 있어서는 이 부분이 상당히 중요하다. 주변에 감사할 줄 아는 사람은 '내가 성공할 수 있었던 것은 능력을 충분히 발휘할 수 있는 환경과 주변의 도움이 있었기 때문'이라고 냉정하게 자신의 성공요인을 분석한다. 그리고 또 다른 기회가 주어졌을 때 이런 분석을 토대로 제대로 된 성공 전략을 세울 수 있다.

　성공을 위해서는 자신의 능력과 주변의 관계성을 잘 이해하고 있어야 한다. 성공은 능력을 발휘할 수 있는 환경을 조성하고 동료들과 원만한 인간관계를 맺는 것에서 비롯된다. 고마움을 표현할 줄 아는 것이 중요한 이유는 바로 이 때문이다.

주변에 감사하는 마음이 성공을 부른다

　고마움을 표현할 줄 아는 사람이 되기 위한 방법으로 추천하고 싶은 것은 첫 월급으로 부모님께 선물을 사 드리는 것이다.

　부모님을 위한 선물을 준비하는 과정을 통해, 지금의 내가 있는 것은 나를 사랑으로 키워 주고 아낌없이 지원해 준 부모님이 있었기에 가능했다는 사실을 상기하는 것이다. 선물을 고를 때는 구체적으로 부모님이 어떤 지원을 해주었는지를 떠올려 보는 것이 좋다. 그러면 자신의 능력만으로 지금의 내가 있는 것이 아니라는 사실을 더 명확히 이해할 수 있다.

　그러면 그 대상을 직장 동료나 선배, 상사로 확장시키는 것도 가능해진다. 함께 일하는 사람들에 대한 고마움을 알고 이를 표현할 줄 알면 직장생활과 업무에 긍정적인 영향을 미친다.

사람이 혼자 할 수 있는 일에는 한계가 있기 마련이다. 그런 사실을 가장 확실히 확인할 수 있는 것은 여럿이 함께 프로젝트를 진행하는 경우이다. 함께 일할 팀원으로 누구를 선택하느냐가 일의 성패를 결정한다. 그런데 고마워할 줄 모르는 사람은 이런 선택이 굉장히 서툴다. 평소에 주변을 잘 둘러보지 않기 때문이다.

예를 들어 아이디어가 뛰어나고 기획력은 좋은 반면 커뮤니케이션 능력이 다소 부족한 사람이 프로젝트를 맡아 진행하게 됐다고 하자. 이 때 이 사람에게 필요한 팀원은 당연히 커뮤니케이션에 능숙한 사람일 것이다. 의사소통이나 의견 조정에 필요 이상의 시간을 들이면 정작 중요한 일을 진행할 충분한 시간을 확보할 수 없기 때문이다. 하지만 자신의 능력만으로 성공했다고 생각하는 사람은 팀원을 선택할 때 이런 부분을 고려하지 못 한다. 평소에 주변을 잘 관찰하지 않기 때문이다. 그 결과 팀 전체의 역량이 떨어지고 만다.

팀이 하나가 되지 못하면 그 어떤 프로젝트도 성공할 수 없다. 고마워할 줄 모르는 사람을 기다리는 것은 실패뿐이다.

'남에게 인정을 베풀면 반드시 내게 돌아온다.'는 말이 있듯이, 고마워할 줄 아는 사람에게는 반드시 그 대가가 돌아온다는 점을 기억하자.

> **Tip**
>
> **고마워할 줄 아는 마음가짐이 주변을 관찰하는 눈을 길러준다. 주변을 관찰하는 눈이 당신을 성공으로 이끌 것이다.**

10

일류의 조건

보통 사회생활 3년차가 되면 커리어 인생의 전기가 찾아온다.

사실 입사 후 3년은 일을 한다기보다 일을 배우는 시기라고 할 수 있다. 이 시기에는 제대로 된 성과를 내지 못하더라도 어느 정도 용인이 된다. 하지만 3년차에 접어들면 회사의 일원으로서 제 몫을 할 수 있어야 한다. 즉, 실제로 회사에 도움이 되는 성과를 내야 한다.

이 때 중요한 것이 '일류가 되겠다'는 의식을 갖고 일류가 되기 위해 자신만의 필승법을 확립하는 것이다.

다른 사람들과 같은 방식으로 일하면 당연히 그들과 같은 수준의 결과물 밖에 만들어낼 수 없다. 조금 더 노력한다고 해봐야 근무시간을 늘리는 정도일 텐데, 그것만으로는 그다지 큰 차이를 만들어 낼 수 없다. 남들보다 눈에 띄는 성과를 내기 위해서는 나만의 독자적인 필승법이 필요하다.

축구의 경우를 예로 들자면, 과거 이탈리아 대표팀에서 공격수로 활약했던 '델 피에로'라는 선수가 있다. 이 선수는 상대 골문의 중앙보다 왼쪽 사이드를 노렸을 때 골 성공률이 매우 높았다. 이 때문에 골문의 왼쪽 사이드를 가리켜 '델 피에로 존'이라고 부를 정도였다. 비즈니스 세계에서도 이처럼 남들보다 뛰어난 강점을 최소한 하나는 갖고 있어야 최고의 자리에 오를 수 있다.

나만의 필승법을 갖는다는 것을 곧 '나만의 지론'을 갖고 있어야 함을 의미한다. 여기서 '나만의 지론'이란, 다른 곳에서 보거나 들은 것이 아닌 경험을 통해 직접 터득한 나름의 성공 논리를 말한다.

일류가 되려면 '나만의 지론'을 가져라

앞서 '자신의 시장가치를 파악하라.'고 말한 바 있는데, 나만의 필승법을 갖고 있으면 사회인으로서의 시장가치도 높아진다. 남들과 다른 자신만의 독자적인 성공 논리를 갖고 있으면 자신의 시장가치를 높일 수 있다.

'나만의 지론'을 만들기 위한 방법으로 추천하고 싶은 것은 남들과 다른 나만의 정보원을 갖는 것이다. 구체적인 방법으로는 회사 밖 사람들을 만나 이야기를 듣거나 동료들이 읽지 않을 것 같은 책이나 잡지를 읽는 것을 들 수 있다. 남들과 다른 정보원을 많이 갖고 있을수록 남들과 차별화된 독특한 발상을 할 수 있다.

지인 중에 경영인 출신으로 일본과 중국을 오가며 활동하고 있는 사람이 있다. 양국에 각각 거점을 두고 1년 중의 반은 일본에서 나머지 반은 중국에서 생활하는 사람인데 그 발상이 굉장히 새롭고 독특하다. 남들과 다른 정보원을 갖게 됨으로써 '나만의 지론'을 구성하는 재료들이 풍부해진 것이다.

더 간단한 방법은 주변과 다른 관점을 갖는 것, 즉 보통 사람들과는 다른 차원에서 세상을 바라보는 시야를 갖는 것이다.

과거에는 '나만의 지론'에 근거하여 성과를 내면 주변으로부터 안 좋은 시선을 받는 경우가 있었다. 좋고 나쁘고를 떠나 그것이 일본 사회의 전통적인 분위기였다. 하지만 최근에는 사회적인 인식도 크게 변해서, 기존의 방식으로 성과를 내는 사람보다 새로운 방식으로 성과를 내는 사람을 더 높게 평가한다. 따라서 반드시 '나만의 지론'을 만들고 이를 바탕으로 일류가되는 것을 목표로 삼기 바란다.

물론 '나만의 지론'을 만든다는 것이 쉬운 일은 아니다. 만약한 번 시도해서 실패하더라도 다음을 노려 다시 도전하자.

강연을 하다 보면 "어떻게 하면 성공할 수 있습니까?"라는 질문을 곧잘 받곤 한다. 중요한 것은 스스로의 힘으로 성공의 방법을 발견하려고 하는 자세이다. 그리고 어떻게 해서든 스스로 생각한 방법으로 성공을 이뤄내려는 생각을 갖고 여러 가지경험을 쌓는 것이 중요하다.

이 세상 모든 일에 성공과 실패가 각각 반반의 확률로 존재한다. 의욕적으로 도전했지만 갈피를 못 잡고 우왕좌왕하다가결국 실패를 경험하는 경우도 적지 않다. 하지만 어떤 의미에

서 실패는 당연하다. '나만의 지론'을 성공으로 연결시킬 수 있

도록 적극적인 자세로 도전해 보자.

제 2 장

'그럭저럭' 하던 사람이
'잘' 하는 사람이 되는 방법

스킬 편

01

업무 속도를 높이면
평가도 높아진다

대학교를 졸업하고 사회인이 되어 일을 시작할 때 가장 중시
해야 할 것이 '속도'이다.

학교에서는 기본적으로 속도가 아닌 질적인 차원의 성과에 대
해 평가를 한다. 예를 들어 두 사람의 시험 점수가 100점으로 같
다면 받는 평가 역시 동일하다. 하지만 사회에서는 또 다른 평가
기준이 하나 더 추가된다. 바로 '100점을 받기 위해 어느 정도의
시간을 투자했는가?' 하는 점이다. 결론부터 말하면 사회에서는
짧은 시간에 좋은 성과를 낸 사람이 더 높은 평가를 받는다.

똑같이 100점을 받은 두 사람이 있고, 그 중 한 사람은 10시

간, 다른 사람은 100시간을 사용했다고 하면 학교에서는 오랜 시간을 들여 노력한 후자를 높이 평가한다.

하지만 사회의 평가는 정반대이다. 결과물의 질이 같다면 단 10시간 만에 효율적으로 업무를 처리한 쪽이 더 좋은 평가를 받는다. 왜냐하면 남은 90시간을 이용해 더 많은 업무를 하고, 그만큼 더 많은 결과물을 생산해낼 수 있기 때문이다. 이것이 사회에서 '속도'를 중시하는 이유이다.

원론적인 이야기를 하자면, 회사에서는 비용을 들여 사람을 채용한다. 이 때 지불하는 돈은 시간당 노동량에 대한 대가이다. 따라서 회사 차원에서는 가능하면 짧은 시간에 더 좋은 결과물을 낼 수 있는 사람을 선호하기 마련이다.

이제 막 사회인으로서 한 발을 내딛었다면 무엇보다 속도의 중요성을 확실히 인식하도록 하자.

비즈니스는 속도가 생명이다!

속도가 평가의 중요한 기준이 되는 만큼, 업무를 시작할 때도 먼저 어느 정도의 질을 목표로 얼마의 시간을 들여 업무를 완수할 것인지 명확히 알고 있어야 한다.

입사 초기에는 시간이 다소 많이 걸리더라도 그만큼 노력하고 있다는 평가를 받을 수 있다. 하지만 입사 후 6개월 정도 지났는데도 여전히 오랜 시간이 걸린다면 '업무 속도가 느리다'는 부정적인 평가를 받게 된다. 다시 한 번 말하지만 사회에서는 속도도 평가의 중요한 잣대가 된다는 사실을 기억하자.

'비즈니스는 QCD로 이루어진다.'는 말이 있다. Q는 품질(Quality), C는 비용(Cost), D는 납기(Delivery)를 의미한다. 비즈니스에 있어서는 높은 품질과 비용 절감 못지않게 마감기한을 잘 지키는 것이 중요하다는 뜻이다.

물론 처음에는 업무 속도를 높이기가 쉽지 않다. 기한이 정해져 있지 않은 업무를 하다 보면 아무래도 업무 진행이 늘어지는 경우가 많다. 반대로 기한이 정해져 있는 일을 하다가 시간에 쫓겨 당황스러운 상황에 처하게 되는 경우도 비일비재하다. 하지만 두 경우 모두 훗날을 위해 좋은 경험임에는 틀림없다.

입사 후 2~3년 동안은 일단 자신의 한계에 도전해 보자. 설령 서두르다가 문제가 발생하거나 마감기한을 넘기게 되더라도 배우는 과정이라고 생각하는 자세가 필요하다.

만약 상사가 지시한 마감기한이 30일이라면 29일 오전까지 제출하겠다고 말하는 것이 도움이 된다. 자발적으로 마감 일정을 앞당김으로써 업무의 속도를 높이는 연습을 하는 것이다. 반복적인 연습을 통해 업무를 빠르게 처리하는 방법에 익숙해지면, 급하게 처리해야 할 일을 맡게 되더라도 조급해 하거나 당황하지 않고, 자신의 페이스대로 일을 할 수 있게 된다.

업무 = 품질 + 속도

컨설턴트 업무를 하다 보면, 업무를 지시 받은 날 바로 결과를 보고했더라면 70점 정도의 수준으로도 통과될 수도 있는 일이 이틀 후에 보고할 경우에는 95점 정도의 수준을 충족해야 하는 경우가 있다.

상사에게서 업무 지시를 받았을 때 바로 처리해서 결과를 내놓으면 그 결과물에 다소의 부족한 부분이 있더라도 "빨라서 좋다."는 말을 듣는다. 반면 지시를 받고 이틀 정도 시간이 흐른 후에 결과를 보고한다면, 결과물의 질에 더욱 더 완벽을 기해야 한다. 왜냐하면 시간이 흐를수록 결과물에 대한 상사의 기대감이 높아지기 때문이다. 따라서 지시받은 일은 즉시 처리하는 것이 업무의 효율성 면에서 더 효과적이다.

업무 결과는 그 품질과 속도를 합산한 값으로 평가된다. 예를 들어 속도가 50점이라면 90점짜리 질의 결과물을 내놓을 수 있어야 한다. 반대로 속도가 80점이라면 70점짜리 결과물로도 상사를 만족시킬 수 있다. 둘 중 더 간단한 방법을 꼽자면 단연 전자이다. 빠른 속도로 일을 처리하고 즉시 마무리 짓는 것이 느낌 상으로도 더 좋다.

일 잘하는 비즈니스맨의 진가는 빠른 속도가 요구되는 상황에서 당황하지 않고 능력을 발휘할 수 있느냐에서 드러난다. 주어진 상황을 받아들이면서 효율적으로 일할 수 있도록 노력하자.

Tip

마감기한을 앞당겨 업무 속도를 높여라.

02

좋은 평가를 받으려면
목표를 명확히 설정하라

사회인에게 가장 필요한 습관은 일을 시작하기 전에 일의 '목적'과 '목표'를 명확히 설정하는 것이다.

여기서 '목적'이란 무엇을 위해 그 일을 하는가를 뜻한다. 상사에게 업무 지시를 받으면 먼저 그 목적이 무엇인지를 생각해 봐야 한다.

반면 '목표'란 그 일을 완료했을 때의 상태인 동시에, 목적을 달성하기 위한 이정표를 의미한다. 따라서 언제까지 어느 정도의 수준으로 일을 끝낼 것인지 목표를 명확히 한 후에 일을 시작해야 한다. 예를 들어 6개월짜리 프로젝트를 진행한다고 하면, 한 주에 어느 단계까지 일을 진행할 것인지 정해야 한다.

종종 상사에게 업무 지시를 받자마자 바로 일에 착수하는 사람들이 있는데 이는 좋은 방식이 아니다. 좋은 결과를 내기 위해서는 일을 시작하기 전에 목표, 즉 업무가 완료되었을 때의 상태를 구체적으로 그려보는 것이 중요하다.

회의를 할 때도 '오늘 회의는 여기까지 논의되면 종료한다.'는 식으로 목표를 명확히 해 두고 본론에 들어간다. 당초 정해진 회의시간이 1시간이었다 하더라도 사전에 정한 목표에 도달했다면 15분 만에라도 회의를 끝낼 수 있다.

'목적과 목표를 설정하라.'는 말이 너무 당연하게 들릴지 모르지만, 의외로 일의 목적과 목표를 제대로 이해하지 못한 채 업무를 진행하는 사람들이 많다. 그런 사람들의 공통점은 일의 진행 과정을 시간 중심으로 생각한다는 점이다.

목적과 목표를 확실히 알고 일하는 사람은 '오늘은 여기까지 하자.'고 생각하면서 일을 진행한다. 하지만 목표 없이 일하는 사람은 '오늘은 8시간 일했으니 이걸로 충분해.'라고 생각한다. 업무에 있어서 중요한 것은 시간이 아닌 목표이다. 목표가 아닌 시간을 중시하는 업무방식은 진정한 의미의 업무라기보다 작업에 가깝다.

작업이 아닌 업무를 수행하려면 목표를 명확히 인식해야 한다. 그러면 업무를 준비하는 과정도 달라진다.

영업직의 경우를 예로 들면, 어떤 업종이든 영업실적이 좋은 사람과 그렇지 못한 사람이 있기 마련이다. 그 둘의 차이는 목표 설정에서부터 비롯된다. 영업실적이 변변치 못한 사람은 목표를 정하지 않고 고객들을 대한다. 반면 영업실적이 좋은 사람은 '세 번째 만남에서는 반드시 계약을 성사시켜야지.'라는 명확한 목표를 갖고 고객들 만난다. 심지어 계약한 고객으로부터 다른 사람을 소개받기 위한 전략까지 미리 세워두는 경우도 있다. 목표 설정 여부에 따라 준비 과정에 큰 차이가 있는 것이다.

준비 과정의 차이는 더 나아가 실적의 차이로 이어진다. 명확한 목표를 갖고 고객을 대하는 사람은 그만큼 계약을 성사시킬 확률이 높아진다. 그리고 이미 계약한 고객으로부터 다른 사람을 소개받아 또 다른 계약을 성사시킨다.

요컨대 목표 설정의 차이가 준비 과정의 차이를 부르고 그것이 다시 실적의 차이로 이어지는 것이다.

목표를 설정하면 행동이 바뀐다!

내가 젊은 나이에 남들보다 빨리 능력을 인정받고 중책을 맡을 수 있게 된 것은 회의록 덕분이었다.

처음 회의록을 쓰기 시작한 것은 회의 내용을 기록해 두라는 상사의 지시가 있었기 때문이다. 나는 상사의 지시를 이행하기 전에 먼저 회의록 작성의 목표를 생각해 보았다. 그 결과 팀원들이 모두 참석한 회의를 기록할 때의 목표는 논의 내용을 단순히 기록하는 것이 아니라, 다음에 해야 할 일을 명확히 하는 것이라는 결론을 내렸다. 그렇게 생각하고 상사에게 직접 확인까지 받았다.

회의가 있었던 다음 날, 전날 회의에서 결정된 사항을 발췌·정리한 자료를 인쇄하여 팀원들에게 배부했다. 그러자 '요점이 잘 정리되어 있어서 보기 쉽다.', '해야 할 일이 무엇인지 쉽게 알 수 있다.'는 등의 평가를 받았다.

즉, 무엇을 목표로 할 것인가를 먼저 생각하고 실제 업무를 수행한 결과, 주변으로부터 좋은 평가를 받게 된 것이다. 이 일을 계기로 능력을 인정받은 나는 이후 더 중요한 업무들을 맡으며 다양한 경험을 쌓을 수 있었다.

목표를 가지면 인생이 바뀐다!

다음은 내가 강연에서 자주 하는 말이다.

"목표를 갖게 되면 준비가 달라진다. 준비가 달라지면 행동이 바뀐다. 행동이 달라지면 결과가 바뀐다. 결과가 달라지면 평가가 바뀐다. 평가가 달라지면 인생이 바뀐다."

목표를 갖게 되면 행동의 질과 속도가 향상된다. 특히 매뉴얼이나 규칙에 많이 의존하는 업종 혹은 그런 회사에서 일하는 사람일수록 목표를 의식할 필요가 있다.

매뉴얼의 본래 목적은 업무 목표와 그 목표를 달성하기 위해 필요한 작업을 공유하는 것이다. 하지만 실제 매뉴얼들을 보면 목표를 제시하지도 않고 필요한 작업들을 단순히 나열해 놓은 경우가 대부분이다. 그렇다 보니 많은 사람들이 목표를 제대로 이해하지 못한 채 업무를 수행한다.

자신이 가진 능력을 제대로 발휘하지 못해 좋은 성과를 내지 못하고 있다면, 목표를 명확히 설정하는 습관을 길러야 한다. 그러면 훗날 중간 관리직이 되었을 때도 도움이 된다.

중간 관리직이 되면 윗선에서 받은 지시를 부하 직원들에게 전달해야 할 경우가 많다. 그런데 이 때 위에서 받은 지시를 들은 그대로 전달하기만 해서는 안 된다. 업무의 목표를 이해하고 그에 따라 필요한 내용은 보충하고 필요하지 않는 부분은 제거한 후에 실무적인 지시를 내릴 수 있어야 한다. 이렇게 목표를 이해하고 정확히 지시를 내릴 수 있어야 리더로서 신뢰를 얻을 수 있다.

다른 회사에서 일할 때, 업무 차 최고의 CEO 중의 한 명이라고 할 수 있는 사람과 정기적으로 회의를 한 적이 있었다. 그 사람은 회의를 시작하기 전에 꼭 "오늘 회의에서는 어디까지 결정하면 됩니까?"라고 물었다. 그에 대한 답변이 애매하면 "자, 그러면 오늘은 여기까지 이야기가 되면 회의를 끝내는 것으로 하지요."라고 회의의 목표를 확인하고 나서야 비로소 회의를 시작했다. 시간이 아닌 목표를 중시하고 철저하게 목표를 의식하는 업무 스타일을 배울 수 있었던 소중한 경험이었다.

목표 없이는 성과도 없다는 것을 기억해야 한다.

03

타겟별로 목표를 설정하라

목표를 설정할 때의 핵심은 각 타겟별로 현재 상황과 목표를 적는 습관을 들이는 것이다. 그러면 목표를 더 명확히 하는 기술을 배울 수 있다. 단, 상사에게 지시받은 업무나 고객에게서 의뢰를 받은 업무의 경우에는 직접 목표를 설정할 수 없으므로, 설정한 목표를 상대에게 확인하는 과정이 반드시 필요하다.

업무에 대한 평가를 내릴 때, 실제 업무 능력보다 더 많은 비중을 차지하는 것이 관계자들의 목표를 얼마나 잘 조정했느냐 하는 점이다. 좋은 성과를 내기 위해서는 독선적인 태도를 버려야 한다.

직접 목표를 정하는 경우에도 함께 일하는 사람들이 각각 어떤 목표를 갖고 있는지 확인해야 한다. 예를 들어 회의의 진행을 맡았다고 하면, 회의 참석자들이 각자 희망하는 바를 고려한다. 거래처와 회의를 할때도 상대의 목표나 의향을 잘 파악해야 한다.

실제로 업무를 진행하기 전에 상대의 희망사항이나 의견을 나름대로 유추해 보고, 자신의 목표와 비교해 보면 발생할 수 있는 문제를 사전에 예측할 수 있다. 만약 과장이 부장과의 회의를 앞두고 있다면, 회의 전에 미리 부장이 목표로 삼고 있는 지점을 고려하여 자신의 목표를 조정해야 한다. 거래처와 협상을 앞두고 있을 때는 자사가 원하는 것과 상대 회사가 원하는 것을 적절히 수용할 수 있는 타협점을 미리 설정해 두어야 한다.

이처럼 타겟별로 목표를 설정하면 업무 수준이 눈에 띄게 향상된다. 그렇다고 해서 회의 참석자가 10명이라고 10명 전원에 대한 목표를 설정할 필요는 없다. 예를 들어 참석자 중에서 일반사원이 3명이라면 3명을 하나로 묶어 일반사원 전체의 의견을 대표할 수 있는 목표를 설정해 두면 된다. 아마 일반사원들이라면 공통적으로 '가능하면 성가신 일은 안 하고 싶은데'

라는 생각을 갖고 있을 것이다.

반면 팀장급들에게는 '상부에 보고할 만한 결정사항이 있었으면 좋겠다.'가 목표가 될 것이다. 거래처의 경우에는 '이걸로 결정하고 본격적으로 일을 시작할 수 있어야 할 텐데.'라는 생각을 갖고 있을지도 모른다.

이렇게 타겟별로 목표를 설정해 두면 회의가 훨씬 수월하게 진행된다. 또한 평소에 서로가 어떤 생각을 갖고 있는지를 미리 파악해 두면 관계도 더 좋아진다.

목표를 의식하면 좋은 기획이 나온다!

거래처와의 협상에서 분쟁 없이 소통하는 사람들을 보면 공통적으로 상대가 원하는 것을 순식간에 포착해 내는 능력을 갖고 있다. 즉, 상대의 목표를 생각하는 습관이 몸에 배어 있어서 짧은 시간에 상대의 마음을 읽어내는 것이다.

우리 회사는 목표를 의식하는 습관의 중요성을 알게 하려고 신입사원들에게 직접 야유회를 기획해 보라는 과제를 내준다.

생각해 보면 야유회의 목표도 구성원 별로 천차만별이다. 임원급들이 생각하는 야유회의 목적은 사내 팀워크를 다지는 것이다. 반면 팀장급 관리직들이 생각하는 야유회는 윗사람들에게 자신의 존재를 어필하고 젊은 사원들과 친밀한 관계를 구축할 수 있는 기회이다. 이제 막 회사에 들어 온 신입사원들에게는 각자의 이름과 개성을 알리는 것이 야유회의 가장 큰 목표가 될 것이다. 한편 야유회의 기획을 맡은 사람들은 즐거운 행사를 기획해 상사에게 좋은 평가를 받는 것을 목표로 삼는다.

이처럼 위치에 따라 추구하는 목표가 달라지므로 구성원 각자의 목표를 일일이 적어보고 최대한 많은 사람의 목표를 충족시킬 수 있는 기획을 세우는 것이 중요하다. 그러면 참가자 전원의 만족도가 높아지고, 상사 역시 그런 기획자를 높이 평가할 것이 틀림없다.

상대의 목표를 읽어내는 것은 타고난 감각만으로 할 수 있는 일이 아니다. 그러므로 평소에 타겟별로 목표를 설정해서 정리하고 자신의 목표와 비교·조정하는 훈련을 꾸준히 해두도록 한다.

Tip
타겟별 목표를 파악하면 의사소통이 원활해진다.

04

숫자와 이미지로
목표를 구체화하라

업무의 목표를 구체화하는 방법에는 크게 두 가지가 있다.

첫 번째 방법은 잘 알려진 방법이지만 목표를 수치화하는 것이다. 예를 들어 영업 목표를 세운다고 하면 며칠까지 몇 건의 계약을 성사시킬 것인지를 구체적인 숫자로 정한다. 더 나아가 계약을 성사시키기 위해 몇 건의 미팅을 할 것인지를 정해 놓으면 더 좋다. 이렇게 목표를 수치화하는 것은 사실 상 목표를 설정할 때 꼭 거쳐야 할 과정이므로 반드시 행동으로 옮기도록 하자.

두 번째 방법은 목표를 구체적인 이미지로 떠올려 보는 것이다. 앞서 말한 목표를 수치화하는 방법과 이 방법을 병행할 수 있으면 더 효과적이다.

목표를 구체적인 이미지로 떠올려 본다는 것은 무엇인가. 그 것은 어떻게 하면 목표를 달성할 수 있을지를 15~30초 정도 눈을 감고 상상해 보는 것을 의미한다. 앞서 예를든 영업의 경 우, 이 방법을 적용하면 실제 행동에 나서기 전에, 계약을 성사 시키기 위해 혹은 고객을 만족시키기 위해 자신이 취해야 할 행동을 구체적으로 떠올려 보는 것이다.

목표를 수치화하는 방법은 이미 잘 알려진 익숙한 방법이다. 반면 목표를 이미지로 떠올려 보는 방법은 다소 생소하게 느 껴질 수 있다. 하지만 이 방법은 특히 목표를 수치화할 수 없는 분야에 종사하는 사람들이 활용하기 좋은 방법이니 꼭 시도해 보기 바란다.

이미지 = 목표 달성을 위한 이정표

목표를 구체적인 이미지로 떠올려 보는 방법에는 다음과 같은 두 가지 이점이 있다.

첫째는 눈에 보이는 이미지를 떠올림으로써 부족한 부분들을 발견할 수 있다. 실제로 수치화한 목표를 다시 이미지로 떠올려 보면 의외로 핵심적인 정보들이 많이 누락되어 있다는 것을 알게 된다. 이는 문자정보에 비해 시각정보 쪽이 담을 수 있는 정보가 압도적으로 더 많기 때문이다.

이렇게 목표를 이미지로 떠올려 보는 과정을 통해 부족한 부분과 비어있는 공백을 발견하면, 실제 작업을 할 때 어떤 요소가 추가되어야 할지도 예측할 수 있다. 일이 끝나고 상사나 동료들에게 칭찬을 받는 자신의 모습을 상상해 보는 것도 목표를 달성하는 데 필요한 것들에 대한 힌트를 제공해 준다.

두 번째 이점은 업무 의욕이 고취된다는 점이다. 일을 시작하기 전에 그 일이 성공했을 때를 이미지로 떠올려 보면 더 의욕적으로 일을 진행할 수 있다. 목표를 구체적인 이미지로 떠올려 봄으로써 동기 유발이 되는 것이다.

이상의 내용을 정리하면, 본격적으로 일에 착수하기 전에 먼저 타겟별로 목표를 설정한다. 그리고 정해진 목표를 수치화한 후에 목표를 구체적인 이미지로 떠올려 봄으로써 최종적으로 목표와 해야 할 일을 점검한다. 이런 과정을 철저히 거치고 난 후에, 업무를 진행하면 최초의 목표에 어긋나지 않는 방향으로 일을 마무리 할 수 있다.

만약 이미지를 떠올리는 과정에서 부족한 부분이 발견됐다면, 앞 단계로 돌아가 타겟 별로 목표를 상세히 논의하고 검토해서 목표를 명확히 해야 한다. 일을 지시한 상사나 의뢰한 고객이 있을 경우에는 그 사람에게 한 번 더 목표를 확인한다.

유명한 프로야구 선수인 신조 츠요시가 메이저리그 이적을 발표하면서 "첫 타석에서 첫 안타가 나올 것 같다."고 말한 적이 있다. 그리고 실제로 첫 타석에서 중전 안타를 기록해 큰 화제가 됐었다.

아마 당시 신조 선수에게도 이미지화된 구체적인 목표가 있었을 것이다. 그리고 그 목표를 달성하기 위해 무엇을 해야 할 것인가를 생각하고 또 생각하며, 설레는 마음으로 도전하지 않았을까 싶다.

요컨대 비즈니스에서든 프로야구에서든 숫자와 이미지로 목표를 구체화하는 것이 매우 중요하다.

> Tip
> **숫자를 지도 삼아 이미지를 이정표 삼아 목표를 구체화하라.**

05

프레젠테이션의
달인이 되는 방법

    프레젠테이션을 할 때 가장 중요한 것은 5W2H1G를 갖추어 말하는 것이다. 여기서 5W란, '언제(When)', '어디서(Where)', '누가(Who)', '무엇을(What)', '왜(Why)'를 의미하며, 2H는 '어떻게(How)'와 '얼마나(How much)'를, G는 목표(Goal)를 가리킨다. 프레젠테이션을 할 때 이 8가지를 명확히 전달할 수 있으면 당신도 프레젠테이션의 달인이 될 수 있다.

    프레젠테이션이란 길을 안내하는 것과 비슷하다. 목적지에 도착하기 위해서는 현재 서 있는 지점을 확실히 파악하고 있어야 한다. 그래야 목적지까지의 정확한 거리를 측정할 수 있기 때문이다.

실제로 회의를 하다 보면 논의사항에 대한 참가자들의 이해도가 제각각인 경우가 많다. 현재 서 있는 지점, 즉 출발점이 서로 다른 것이다. 그런 상황에서는 누군가 나서서 '이쪽으로 갑시다.'라고 해도 절대 같은 목적지를 향해 출발할 수 없다.

따라서 회의를 할 때 가장 중요한 것은 먼저 출발점을 통일하는 것이다. 이 때 가장 효과적인 것이 앞서 말한 5W2H1G에 근거하여 논의의 개요를 전달하는 방법이다. 이것이 가능한 사람을 우리는 프레젠테이션의 달인이라 부른다.

보고서 작성도 5W2H1G가 핵심이다

보고서나 자료를 작성할 때도 5W2H1G를 활용하면 좋다. 먼저 5W2H1G에 근거해서 개요를 적는다. 그런 다음에 상사에게 그 내용을 확인한다. 이 때 상사가 사실과 다르다고 지적하는 부분이 있으면 그 즉시 내용을 수정한다. 만약 개요를 만든 후 상사에게 확인하지 않고 바로 작업을 시작하면 나중에 전체를 다시 손봐야 할 상황이 되어 더 번거로워질 수 있다.

한편 일을 진행하다 보면 다음과 같은 경우도 종종 발생한다. 예를 들어 실무진의 결재 과정을 다 거치고 마지막으로 최종 결재자인 사장 앞에서 프레젠테이션을 하게 되었다고 하자. 당연히 그 동안의 진행 사항이 다 보고되었을 것이라 생각하고 프레젠테이션을 시작했는데, 알고 보니 사장이 진행 경과를 전혀 모르고 있는 것이 아닌가. 이럴 때도 5W2H1G를 이용함으로써 개요를 전달하고 현재 지점과 목표점을 확인할 수 있다.

나 역시 이 방법을 적극 활용하여 강연을 시작하기에 전에 반드시 "오늘은 이런 목적으로, 이러이러한 분들을 모시고 이야기를 하게 되었습니다. 저는 그 동안 이런 경험을 쌓아왔습니다. 그래서 여러분에게 이런 것을 말씀드릴 수 있을 것 같습니다."라고 강연의 개요를 설명한다.

사람들은 각자 다른 생각을 갖고 강연을 들으러 온다. 그리고 저마다 듣고 싶어 하는 내용도 다 다르다. 현실적으로 이들 모두를 충족시키는 것은 불가능하기 때문에 시작하기 전에 현재 지점과 목적지를 확인하는 것이다.

Tip

현재 지점과 목적지를 의식하면 프레젠테이션의 달인이 될
수 있다.

06

접속사를 사용하면
프레젠테이션이 살아난다

　프레젠테이션의 달인이 되기 위한 또 다른 방법은 접속사, 즉 문장과 문장을 연결하는 단어를 적절하게 사용하는 것이다.

　요즘에는 주로 파워포인트를 이용하여 프레젠테이션을 하는 경우가 많다. 그러다 보니 파워포인트를 구성하는 각 슬라이드의 훌륭함에 비해, 슬라이드 간의 연결이 매끄럽지 않은 경우를 자주 볼 수 있다.

　"이것은 이렇습니다."라고 한 장의 슬라이드를 설명하고 "자 다음은 이렇습니다."라고 다음 슬라이드 설명으로 넘어가는 패턴을 반복하다 보면, 전체의 논리적인 구조를 파악하기 힘들고 프레젠테이션 자체도 어딘가 심심한 느낌이 든다.

이를 해결하기 위한 방법이 바로 앞서 언급한 접속사를 사용하는 것이다. 더 구체적으로 말하면 슬라이드와 슬라이드 사이에 두 슬라이드의 논리 구조를 연결해 줄 수 있는 적절한 접속사를 적어 둔다.

"이상의 내용에서 예측할 수 있는 것은 다음과 같습니다.", "A와 B는 병렬 관계에 있으므로, 이 사례를 다음과 같은 경우에도 적용해 볼 수 있습니다.", "이로 인해 다음과 같은 결과가 나타날 것으로 보입니다." 이런 식으로 문장을 만들어서 이야기를 이어나가는 방법도 있다.

특히 '따라서', '하지만', '즉', '마찬가지로' 등의 논리적인 구조를 표현하는 접속사를 사용해서 설명을 이어나가면 듣는 사람의 이해도가 훨씬 높아진다.

최근에는 슬라이드에 많은 내용을 담지 않는 방식의 프레젠테이션이 유행하면서 프레젠테이션의 내용을 이해하기 더 힘들어졌다. 이럴 때 접속사를 잘 사용해서 각 슬라이드의 메시지가 잘 연결되게 설명하면 차별화된 프레젠테이션을 선보일 수 있다.

접속사로 대화의 주도권을 잡는다!

접속사를 적절히 사용하면 회의나 협상 등에서 주도권을 잡을 수 있다는 이점도 있다. 대화를 하다 보면 문장과 문장 사이에 짧은 공백이 생길 때가 있다. 공백이 생긴다는 것은 청취자가 앞서 들은 문장의 의미를 머릿속으로 정리하고 있다는 의미이다. 바로 그 순간에 적절한 접속사를 사용해서 대화를 다음 단계로 전개시킬 수 있으면 대화의 주도권을 잡을 수 있다.

요컨대 접속사를 사용해 이야기를 이어나가면 대화의 빈 공간들을 지배할 수 있게 된다. 대화를 지배한다는 것은 결국 그 대화가 이루어지는 회의나 협상 전체를 지배한다는 뜻이 된다. 그리고 그런 사람은 말을 잘 한다는 평가를 받는다.

한편 적당한 타이밍에 질문을 던지는 것도 프레젠테이션의 달인이 되는 좋은 방법 중의 하나이다. 가만히 앉아 다른 사람의 말을 10분 이상 듣기란 결코 쉬운 일이 아니다. 보통 사람이 집중해서 다른 사람의 말을 들을 수 있는 시간은 최대 7분 정도라고 하니, 7분에 한 번씩 주기적으로 "이쯤에서 더 확인하고 싶은 것이 있으십니까?" 등의 질문을 던져 보자.

이와 같이 접속사와 질문을 적절히 사용할 수 있으면 당신도 프레젠테이션의 달인이 될 수 있다.

> **Tip**
>
> **대화의 공백을 접속사를 사용해서 공략하면 대화의 주도권을 쥘 수 있다.**

07

사람들 앞에서 긴장하지 않고 말하는 방법

업무차 프레젠테이션을 하거나 강연을 하러 가면 "어떻게 하면 사람들 앞에서 말을 잘 할 수 있나요?"라는 질문을 종종 받는다.

솔직히 말하면 나도 그다지 말을 잘 하는 사람은 아니다. 사람들 앞에서 말하려고 하면 나도 모르게 긴장이 되고, 여러 사람 앞에서 말하는 것에 익숙하지도 않다. 그럼에도 불구하고 사람들 앞에서 말하는 일을 계속해 올 수 있었던 것은 사람들 앞에서 긴장하지 않고 말하는 네 가지 포인트를 알고 있기 때문이다.

첫 번째 포인트는 처음 1분 내에 청중의 마음을 사로잡는 것이다. 청중 앞에서 말을 잘 한다는 것은 곧 청중의 마음을 사로잡을 줄 안다는 의미이다. 나는 청중의 마음을 사로잡기 위해 처음 1분 동안은 일부러 자료에 쓰여 있지 않은 이야기를 한다.

대부분의 경우 청중들의 시선은 발표자가 아니라 나누어 준 자료나 파워포인트 화면에 향해 있다. 청중의 마음을 사로잡으려면 먼저 시선부터 발표자를 향하도록 해야 한다. 내가 자료에 쓰여 있지 않은 이야기로 발표를 시작하는 것은 바로 그것 때문이다.

내용은 무엇이든 상관없다. 가장 무난한 것은 앞서 설명했던 5W2H1G를 활용해 "지금부터 이러이러한 이야기를 하겠습니다. 여러분에게는 오늘의 제 이야기가 이런 의미가 있을 것이라 생각합니다." 라는 식으로 발표 개요를 설명하는 것이다. 물론 그 내용은 처음부터 의도적으로 자료에 기재하지 않는다.

이런 방법을 통해 청중들이 고개를 들고 발표자를 바라보게 만들 수 있으면, 그것만으로도 말을 잘 하는 사람이라는 인상을 줄 수 있다.

그래서 나는 강연이나 프레젠테이션 자료를 완성한 후에 의도적으로 첫 부분의 몇 장이 누락된 버전을 인쇄해서 배부한다. 청중의 주의를 끌기 위한 일종의 연출이라 할 수 있다.

'최악'의 경우를 미리 상상하라!

두 번째 포인트는 최악의 상황을 미리 시뮬레이션 해 두는 것이다.

예를 들어 사람들 앞에서 말하고 있는 도중에 갑자기 컴퓨터가 먹통이 되거나 머릿속이 순간적으로 백지 상태가 되서 아무 생각이 나지 않을 수도 있다. 혹은 절반이 넘는 청중들이 발표 내용에 흥미를 잃고 눈앞에서 꾸벅꾸벅 졸고 있는 상황을 겪게 될 수도 있다.

이런 곤혹스러운 상황을 어떻게 해결할 것인지를 미리 생각해 본 후 실전에 임하면 사람들 앞에서 긴장하지 않고 말할 수 있다. 왜냐하면 대부분의 경우, 현실은 최악으로 상상한 것보다 낫기 때문이다. 청중의 90%가 졸고 있는 상황을 상상하고 실전에 임하면, 실제로 청중의 50%가 졸고 있다 하더라도 충격 받지 않고 의연하게 대처할 수 있다.

특히 발표시에 심한 울렁증이 있는 사람이라면 너무 떨려서 말을 할 수 없는 상황을 미리 연습해 두는 것이 도움이 된다. 연습을 통해 극도의 긴장 상태를 미리 연습해 두면, 실전에서 그런 상태가 되었을 때 여유를 갖고 대처할 수 있다.

세 번째 포인트는 겸손하지 말라는 것이다. 특히 나이가 젊을수록 "능력이 부족해서 죄송합니다."라든가 "제가 아직 어려서요."와 같은 말을 하는 것을 자주 볼 수 있다. 하지만 절대 그래서는 안 된다. 사람들 앞에서 말할 때 약한 모습을 보이거나 변명의 여지를 남기며 떳떳하지 못한 모습을 보이면, 청중들은 발표자의 말을 신뢰하지 않는다. 객관성을 유지하려는 의도였다 하더라도 지나친 겸손은 금물이다.

긴장은 자신에 대한 기대의 반증

마지막 네 번째 포인트는 긴장을 좋은 방향으로 활용하는 것이다. 사실 긴장을 한다고 해서 꼭 나쁜 것도 아니고 긴장을 안

한다고 해서 꼭 좋은 것도 아니다.

솔직히 말하면 사람들 앞에서 말하는 것에 익숙해질수록 점점 긴장하지 않게 된다. 그런데 나는 그것이 절대 좋은 것만은 아니라고 생각한다. 왜냐하면 긴장이란 자기 자신에 대한 기대의 반증이기 때문이다.

실제로 똑같이 500명의 청중 앞에서 말을 할때도, 경우에 따라 긴장할 때가 있고 그렇지 않을 때가 있다. 사람들 앞에서 말을 함으로써 무언가를 얻고자 하는 생각이 강하면 강할수록 느껴지는 긴장감도 높아진다. 반면 오늘은 그냥 가볍게 이야기를 나눈다고 마음먹으면, 청중이 1,000명이 넘어도 긴장하지 않는다. 즉, 얻고자 하는 것이 없으면 긴장감도 느끼지 않는다.

이렇게 보면 사람들 앞에서 말할 때 어느 정도의 긴장감은 필요하다. 바꿔 말해 좋은 의미의 긴장을 스스로 통제할 수 있어야 한다. 만약 사람들 앞에서 말할 때 전혀 긴장하지 않는다면 오히려 부자연스러운 일이다.

사람들 앞에서 말할 때 잘 긴장하지 않는다면 목표를 조금 높게 설정해 보자. 나는 강연이 끝나면 반드시 설문지를 이용해 청중들의 만족도를 확인한다. 청중의 90%를 만족시키는 것을 목표로 삼으면 전혀 긴장하지 않고 강연을 진행할 수 있다. 하지만 100%의 청중을 만족시켜야겠다고 목표치를 높이면 스스로 심리적인 압박감을 느낄 것이다. 그래서 나는 평소 청중의 100%를 만족시키는 것을 목표로 삼고 강연에 임한다.

요컨대 긴장은 자신에 대한 기대의 반증이므로 긴장한다는 사실을 긍정적으로 받아들이고 스스로 통제할 수 있도록 하자.

Tip
사람들 앞에서 말하는 것에 익숙해지면 긴장도 스스로 조정할 수 있다.

08

똑똑하게 질문하는 법

젊은 직장인들이 사회생활을 함에 있어서 선배 혹은 상사의 조언은 매우 중요하다. 업무 스킬은 물론이고 사회인으로서 가져야 할 마음가짐에 이르기까지, 선배나 상사에게 들은 조언은 젊은 직장인들에게 피와 살이 되는 소중한 가르침이다.

나는 종종 학생들이나 젊은 직장인들에게 "일을 할 때 주로 어떤 부분에 중점을 두고 계십니까?"라는 질문을 받곤 한다. 솔직히 이런 질문을 받을 때마다 질문이 참 서툴다는 생각을 한다. 왜냐하면 그런 질문은 너무나도 추상적이기 때문이다.

입사 3년차였을 때, 팀장이었을 때, 임원으로 일했을 때, 그리고 한 회사를 책임지고 있는 사장인 지금에 이르기까지 중점을 두고 중요하게 생각하는 것은 계속 변해 왔다. 그래서 그런 질문을 받으면 그 중 어느 시점을 기준으로 이야기를 해줘야 할지 판단이 서지 않는다.

상대가 장래에 사장을 목표로 하고 있어서, 사장으로서 중점을 두는 부분에 대해 알고 싶어 하는 것인지, 아니면 사회인이 된지 얼마 안 되었으므로 입사 3년차 때 이야기를 듣고 싶어 하는 것인지, 적절한 정보가 없으면 대답을 해주고 싶어도 해줄 수가 없다.

자신을 보이고 조언을 구한다!

진짜로 자신에게 도움이 될 만한 조언을 듣고 싶다면, 자신이 현재 처해 있는 상황 혹은 이야기를 듣고 싶어 하는 이유를 상대에게 정확히 전달할 수 있어야 한다.

사람은 무의식적으로 현재 자신이 가장 많이 생각하고 있는 것을 말하기 마련이다. 20대 직장인에게 조언을 해 준다고 하면, 자신이 20대 때 겪었던 것이나 생각했던 것을 이야기해 줘야 할 것이다. 그럼에도 불구하고 현재의 위치, 즉 40대의 이야기를 하고 마는 것이다.

예를 들어 어느 40대 직장인에게 조언을 구한다고 가정해 보자. 이 사람은 물불을 안 가리고 열심히 회사를 위해 일하면서 20대를 보냈다. 그 결과 좋은 평가를 받으며 회사생활을 계속해 오다가 40대가 되었다. 그리고 최근에 들어서 회사도 중요하지만 개인의 생활도 소중하다는 생각을 갖게 되었다. 즉, 나이를 먹음에 따라 회사생활에 대한 생각이 조금씩 바뀌는 것이다.

그런 그에게 회사생활에 대해 물으면 "음 회사도 중요하지만 개인의 생활도 중요하지."라는 대답을 듣게 될 것이다. 물론 틀린 말은 아니다. 하지만 20대 젊은 직장인에게 과연 그 대답이 적절한 조언이 될 수 있을까?

만약 그 40대 조언자가 20대 때부터 자신의 사생활을 중시했다면, 지금의 자리에까지 오르지 못했을 것이 확실하다. 질문자가 질문을 보다 명확히 했더라면 "20대 때는 앞뒤 재지 말고 회사만 생각하고 열심히 일해."라는 조언을 해 주었을 것이다.

요컨대 조언을 구할 때는 누구에게, 무엇을 어떻게 물을 것인지를 명확히 한 후에 질문을 던지자. 조언을 구할 대상을 제대로 선택하고 그 목적을 명확히 했는지 여부에 따라 자신에게 진짜로 도움이 되는 조언을 들을 수도 있거나 혹은 정반대의 대답을 들을 수 있다.

> **Tip**
>
> **누구에게, 무엇을, 어떻게 묻느냐에 따라 조언의 효과가 달라진다.**

09

직감이 발달한
비즈니스맨의 정체

'젊어서 고생은 사서도 한다.'는 속담이 있다. 젊었을 때의 경험이 그만큼 값지다는 의미인데 그렇다면 그 이유는 무엇일까?

젊을 때부터 경험을 많이 쌓으며 의사를 결정하는 속도가 빨라지고 그 질도 높아진다.

예전에 함께 일했던 기업 중에 전국에 수백 개의 점포를 갖고 있는 프랜차이즈 회사가 있었다. 당시 컨설팅 지원을 하면서 그 회사의 팀장들을 만나 이야기를 나눌 기회가 자주 있었다. 다들 산전수전 끝에 최고의 자리에 오른 사람들이었다.

그 중에서도 특히 A씨의 능력은 매우 뛰어났다. A씨는 누가 무슨 질문을 하든 그 즉시 바로 답을 내놓는 것으로 유명했다. 회사 사람들은 업무 판단이 빠른 그를 가리켜 '신이 내린 직관력', '천재적인 스킬의 소유자'라고 불렀다.

근거가 있으면 적중률이 높아진다!

하지만 A씨의 직관력은 절대 신이 내려준 것이 아니었다. 그와 여러 번 이야기를 나눈 결과, 나는 마침내 그 직관력의 비밀을 알게 되었다.

예를 들어 내가 "그런 상황에서 왜 이런 해결책을 선택하셨습니까?"라고 물으면, A씨는 즉시 "이 경우에는 A와 B 두 가지 방법이 있을 수 있는데, 우리 팀원들의 능력이나 성향을 고려했을 때 A 방법은 다소 문제가 있었습니다. 그래서 B를 선택했지요."라고 답한다.

이 외에도 어떤 날 손님이 많고 어떤 날엔 손님이 적은가, 비용을 줄여야 할까 품질을 높여야 할까, 경기가 나빠져 손님이 줄면 어떻게 대처해야 하나, 근처에 새로 생긴 경쟁사가 저가 마케팅을 하면 어떻게 대응해야 할까 등등, 이런 상세한 부분에까지도 A씨는 자신만의 명확한 논리를 갖고 있었다.

더 정확히 말하면, A씨는 그 동안 축적해 온 경험에서 이끌어낸 다양한 선택지를 갖고 있었다. 그리고 그 중에서 가장 좋은 답을 선택했다. A씨는 최적의 해결책을 제시하는 데 걸리는 시간이 짧기 때문에, 주변 사람들에게는 마치 직관으로 선택하는 것처럼 보였을 뿐이다.

유명 장기 기사인 하부 요시하루는 "수를 읽는 연습을 반복해서 하다 보면 나중엔 가장 좋은 수를 직감적으로 알게 된다."고 말한 바 있는데 그와 비슷한 맥락이다.

젊을 때부터 스스로 생각하는 연습을 반복하면서 다양한 경험을 쌓으면, 어느새 최적의 해결책을 직감적으로 이끌어낼 수 있게 된다. '젊어서 고생은 사서도 한다.'는 속담도 바로 그런 의미로 해석할 수 있다.

후천적인 직관력을 길러라!

일을 하다 보면 양이 질로 전환되는 경우를 자주 경험한다. 젊은 시절의 고생은 다양한 방법들을 미리 시험해 본다는 의미에서도 반드시 우리에게 일상으로 돌아온다. 젊어서 고생을 많이 하면 훗날 '직관력이 뛰어나다', '감각이 좋다'는 평가를 받을 수 있다.

예전에 같이 일하던 사람 중에 특히 직관력이 뛰어난 사람이 한 명 있었다. 당시 30대였던 그녀는 한 대에 30만 엔 정도 하는 정수기 판매 회사에서 엄청난 매출을 기록한 영업 팀장이었다.

그녀의 고객 리스트를 보면 매우 상세하게 고객들이 분류되어 있었다. 그리고 그에 따라 영업 전략을 세워두고 있었다. 예를 들어 남자 고객을 상대한다고 해 보자. 자신보다 키가 큰 사람과 그렇지 않은 사람을 대할 때의 포지션을 다르게 하는 식이다. 신장 외에도 성격에 따라 성격이 까다로운 사람과 그렇지 않은 사람으로 나누는 등, 고객의 성향을 다양한 항목으로 분류해 두고 있었다.

한 번은 내가 "A씨와 이야기를 나눌 때는 어떻게 서 있는 것이 좋을까요?"라고 묻자 "A씨는 키가 170cm 정도 되는데 하이힐을 신으면 내가 더 커요. 그러면 자세를 잡기가 어려워지니까 서 있는 위치를 이렇게 바꾸는 것이 좋아요."라고 대답했다. 이어 "성격이 까다로운 사람은 막판에 가서 이런 결정을 내리는 경향이 있으니까, 처음부터 이런 식으로 접근해야 합니다."라는 조언도 이어졌다.

즉, 그녀는 자신이 갖고 있는 경험을 바탕으로 고객들의 성향에 따른 공략법까지 마련해 두고 있었다. 그래서인지 매우 자신감이 넘치고 카리스마가 느껴졌다.

물론 세상에는 선천적으로 뛰어난 직감을 갖고 있는 사람도 있다. 하지만 그런 직감을 타고났다고 해서 꼭 성공할 수 있는 것은 아니다.

마케팅을 예로 들면, 고객과 자신의 나이가 비슷할 경우에는 논리적으로 생각하는 것보다 감각에 의존하는 것이 더 좋은 결과를 내는 경우가 많다. 그런데 만약 고객과 자신 사이에 나이 차이가 좀 있다고 하면 직감만으로는 역부족이다.

선천적으로 타고난 직감에 의존하는 사람은 특히 관리직이 되었을 때 고생을 많이 한다. 사람은 모두 각자 다른 감각을 갖고 있기 때문에, 아무리 자신의 감각에서 비롯된 생각을 구성원들에게 전달하려고 해도 제대로 이해하지 못하는 경우가 많다.

반면 후천적인 노력을 통해 직관력을 갈고 닦은 사람은 이미 자기 머릿속에서 생각이 정리되어 있기 때문에 정확한 판단을 내리고 이를 상대에게 잘 전달한다. 자신의 생각을 논리적으로 이해시킬 수 있으면 구성원들의 역량을 더 잘 이끌어낼 수 있고, 이는 곧 조직 전체의 성공으로 이어진다.

이처럼 성공의 견인차가 되어줄 수 있는 후천적 직관력을 연마한다는 차원에서도, 젊었을 때 고생은 사서라도 하는 것이 좋다.

> **Tip**
> 젊은 시절에 다양한 경험을 통해 후천적 직관력을
> 갈고 닦아라.

10

'셀프 메일링'으로 중요한
아이디어를 축적한다

젊은 직장인들에게 "업무용 이메일로 받는 메시지 중에 누구에게서 받는 이메일이 가장 많습니까?"라고 물어보면, 상사나 거래처 직원, 고객들이라는 대답이 대부분이다. 그런데 나는 조금 다르다. 내가 가장 많은 이메일을 받는 상대는 바로 나 자신이다.

인생 전체를 봤을 때, 인생의 3분의 1은 일을 하는 데 사용한다. 그리고 3분의 1은 잠을 자는 데 쓰고, 나머지 3분의 1은 그 외의 여러 가지 자잘한 활동들로 채워진다. 나는 이 나머지 3분의 1을 효과적으로 활용하는 것이 매우 중요하다고 생각한다.

업무와 관련된 힌트나 아이디어는 언제 어디서 툭 튀어나올지 모른다. 따라서 언제나 안테나를 세워 두고 있어야 한다. 단 이때 중요한 것은 떠오른 아이디어를 기록으로 남겨 실제로 업무에 활용할 수 있어야 한다는 점이다.

나는 출근 버스에서, 집에서 텔레비전을 보다가, 혹은 휴일에 외출했을 때 어떤 생각이 떠오르면, 즉시 그 생각들을 정리해서 내 이메일로 보낸다. 특히 잠자리에 들기 직전에 하루를 마무리하며 떠오른 생각들을 정리해서 이메일로 보내는 경우가 많다.

이메일이 없었던 시절에는 직접 손으로 메모를 하기도 했었다. 요즘은 항상 스마트폰을 갖고 다니기 때문에, 스마트폰으로 이메일을 보내는 것이 가장 빠르고 간단하다. 이렇게 해 두면 떠오른 생각을 흘려보내지 않고 축적할 수 있다.

젊은 직장인들에게는 특히 영감을 얻기 위한 인풋(Input)이 매우 중요하다. 이를 위한 수단으로는 책이나 신문을 읽거나, 영화 혹은 텔레비전 방송을 보거나, 다른 업종에서 일하는 사람들과 폭넓게 교류하는 등 다양한 방법들이 있다.

그런 방법들을 통해 사람들의 다양한 생각들을 접했다면 이를 정리해서 기록으로 남겨 두어야 하는데, 내가 생각하는 가장 좋은 타이밍은 잠들기 직전이다. 이 시간을 놓치고 다음 날이 되면 떠올랐던 생각들이 어느새 다 사라져 버리고 만다. 따라서 꼭 잠자리에 들기 전에 하루 동안 떠오른 생각들을 기록으로 남기도록 하자.

아무리 업무 능력이 뛰어난 사람이라도 하루에 일할 수 있는 시간에는 한계가 있다. 직장인으로서 성장하기 위해서는 다양한 것들을 고민하고 생각할 시간도 필요하다. 일하는 시간과 잠자는 시간 이외의 틈새시간을 효과적으로 활용하는 것이 그래서 중요하다.

'셀프 메일링'으로 틈새시간을 활용한다!

셀프 메일링은 실제로 해 보면 매우 큰 효과를 볼 수 있다. 먼저 이메일을 보낸 다음날 아침, 회사 책상에서 자신이 전날 보낸 이메일을 보고 '어제는 이런 걸 생각하고 있었구나.'라고 정리한 후 하루를 시작할 수 있다. 그렇게 정리된 내용들은 따로 시간을 들이지 않아도 머릿속에 차곡차곡 축적된다.

나는 특히 주말에 요즘 유행하는 가게나 인기 있는 상품을 봤을 때, 반드시 그 당시의 느낌과 생각을 내 이메일로 보내 놓는다. 그래서 월요일에 출근하여 책상에 앉아 컴퓨터를 켜면 지난 주말에 보낸 셀프 이메일이 적어도 5건 정도 도착해 있다.

이렇게 업무 시간 이외의 틈새시간을 잘 활용하면 업무시간을 단축시킬 수 있다. 책상 앞에 앉아 아이디어를 생각하거나 정리하려면 따로 시간이 걸리기 마련이다. 하지만 평소에 생각나는 것들을 이메일로 보내놓으면 아이디어를 생각하고 정리하는 데 쓰는 시간을 적어도 하루에 2시간 정도는 단축할 수 있다.

아이디어뿐만 아니라 주위에서 들은 조언을 이메일로 보내는 것도 효과적이다. 하루를 보내면서 스스로 느낀 것, 혹은 상사에게 들은 조언 등을 잠자리에 들기 직전에 자신만의 문장으로 길지 않게 적어 이메일로 보내놓자.

젊은 직장인들이 상사에게 꾸지람을 듣는 이유의 절반 이상이 같은 실수를 반복하기 때문이다. 셀프 메일링을 습관화하면 적어도 같은 실수를 반복하지 않게 된다.

> **Tip**
>
> **업무시간 이외의 틈새시간을 잘 활용해서 영감을 얻고 아이디어를 축적하라.**

11

체크 리스트 활용법

학교에 다닐 때는 우등생이었는데 사회에 나왔더니 열등생이 되어 버렸다며 고민하는 사람들이 있다. 그럴 때는 학생 때의 공부 방식을 업무에 적용해 보는 것도 좋은 방법이다.

요즘은 학교 교육은 사회에 나가면 쓸모가 없다는 것이 일반적인 인식이다. 물론 쓸모없는 부분도 다소 있긴 하지만 그렇다고 전혀 쓸모가 없는 것도 아니다.

이미 오랜 시간을 들여 학교 교육을 받아 온 지금에 와서, 학교 교육이 바람직하지 않았다는 말을 들었다고 그 시간을 되돌릴 수도 없는 노릇이다. 할 수 있다면 과거를 긍정적으로 받아들이고 취할 수 있는 것들은 취해서 활용하는 것이다.

그 중 하나가 학창시절 누구나 한번쯤 만들어 봤을 오답노트이다. 틀리기 쉬운 부분을 정리해서 시험 전에 다시 확인하는 용도로 만드는 오답 노트의 개념은 업무에서도 다양하게 응용할 수 있다.

그 대표적인 예가 상사에게 배운 업무 방법, 책에서 배운 것, 자주 사용하는 업무 스킬 등을 체크 리스트로 만드는 것이다. 체크 리스트 작성은 학생 때 오답 노트를 만들었을 때와 마찬가지로 습관화하는 것이 좋다.

내가 자주 사용하는 체크 리스트는 '자료 작성 체크 리스트, 회의 체크 리스트, 면담 체크 리스트' 이 3가지이다. 자료 작성 체크 리스트는 자료를 완성한 후 최종 확인할 때 사용한다. 회의 체크 리스트와 면담 체크 리스트는 각각 회의와 면담에 들어가기 전에 진행 방법이나 유의할 점을 확인하는 용도로 사용한다.

그 중 회의 체크 리스트를 구체적으로 살펴보면 '내용에 집중해서 목소리 톤을 높여 말한다.'는 항목이 있다. 아침 일찍 미팅을 하다 보면 집중도도 떨어지고 목소리 톤이 낮아져 회의를 제대로 진행하지 못하는 경우가 있기 때문이다. 그런가 하면 '질문자의 의도를 확인하라.'는 항목도 있다. 지레짐작하는 버릇이 있기 때문에 주의하라는 취지에서 써 넣은 항목이다.

이런 식의 리스트를 회의 5분 전에 확인하고 회의에 들어가면 리스트를 확인하지 않고 들어갔을 때보다 30% 정도 더 능력을 발휘할 수 있다. 갖고 있는 기본 능력을 30% 신장시키는 것은 어려운 일이다. 하지만 체크 리스트를 활용하면 갖고 있는 능력을 더 많이 발휘하게 됨으로써, 전체적인 능력이 올라가는 효과를 볼 수 있다.

체크 리스트를 확인하려면 보통 때보다 10~15분 정도 빨리 준비를 시작해야 한다. 회의 전에 그런 시간을 확보하는 것만으로도 발휘하는 능력이 높아진다.

만약 어떤 항목을 체크 리스트를 보지 않고도 행동으로 옮길 수 있게 됐다면, 이미 자신의 능력으로 체득화되었다는 뜻이므로 그 항목은 리스트에서 제거해도 좋다. 그리고 또 다른 새로운 항목을 추가하면, 시간이 흘러 다시 그 항목이 나의 능력이 된다.

체크 리스트로 능력을 발휘하라!

나는 체크 리스트를 A4용지 크기로 출력하여 수첩에 넣어 갖고 다녔다. 필요하면 언제라도 꺼내서 확인해 볼 수 있도록 말이다.

체크 리스트의 많은 항목들 중에 특히 기억에 남는 것은 면담 체크 리스트의 '제3자의 발언을 인용한다.'는 항목이다.

젊었을 때는 나이 차이가 많이 나는 윗사람에게 의견을 말하면 잘 받아들여지지 않는 경우가 많다. 그런 문제로 고민하고 있던 나에게 상사가 다른 사람의 말을 인용하면 설득력이 높아질 것이라고 조언해 주었다. 좋은 방법이라는 생각이 들어 그 즉시 체크 리스트에 추가하고 회의 전에 꼭 그 내용을 확인했다. 그렇게 1년 정도 지속적으로 확인을 하자, 어느새 그 항목이 머릿속에 각인이 되어 의도하지 않아도 자연스럽게 그런 방식으로 이야기를 할 수 있게 되었다.

능력을 30% 신장시키기 위해서는 1년 이상의 시간이 걸린다. 하지만 체크 리스트를 활용하면 그 즉시 30% 더 능력을 발휘할 수 있다. 물론 꾸준히 시간을 들여 능력을 높이는 것도 중요하지만, 월급을 받는 직장인인 이상 성과를 내는 것 역시 등한시해서는 안된다. 짧은 시간에 능력을 신장시켜 성과를 낼 수 있는 방법으로 체크 리스트만한 것이 없다는 점을 명심하자.

Tip
체크 리스트를 사용하면 갖고 있는 능력을 더 많이 발휘할 수 있다. 그러면 자연스럽게 기본 능력이 향상된다.

12

일의 우선순위를 정하는 방법

처음 일을 시작하면 상사와 선배, 그리고 타 부서 등 여기저기서 지시사항들이 정신없이 들어온다. 이럴 때 업무의 우선순위는 어떻게 정해야 하는 것일까?

업무 지시를 받았을 때 가장 처음으로 해야 할 판단은 그 일을 맡을 것인가 거절할 것인가이다. 물론 신입사원 시절에는 거절이라는 선택지 자체가 없다. 하지만 입사 후 2~3년 정도 지난 후에는 그 일을 자신이 꼭 할 필요가 있는지 여부를 스스로 판단할 수 있어야 한다.

일을 맡기로 결정했다면 다음에 고려해야 할 것은 '언제 그 일을 한 것인가'이다. 당장 처리해야 할 일인지 나중에 진행해도 좋을 일인지는 업무의 속성을 보고 판단한다.

업무의 속성은 크게 두 가지로 나눌 수 있다. 첫째는 시간을 들여 집중해서 해야 할 업무, 즉 머리를 써야 하는 업무이다. 기획안 작성이나 프레젠테이션 준비 등이 여기에 속한다. 둘째는 몸을 움직이면 바로 해결되는 업무로, 거래처에 전화를 걸거나 경비를 정리하거나 일일 보고서를 작성하는 것 등이 여기에 속한다.

요즘에는 스마트폰 등의 디지털 기기를 이용해서 스케줄을 관리하는 것이 일반적이다. 그래서 그런지 지시를 받자마자 그 내용을 바로 스케줄에 포함시키는 경우를 자주 본다. 하지만 그 전에 애초에 할 필요가 있는지, 혹은 즉시 해야 할 일인지 나중으로 미뤄도 좋을 일인지를 판단하는 과정이 선행되어야 한다.

즉시 해야 할 일은 그 자리에서 바로 처리한다!

그런 과정을 거쳐 즉시 해야 할 일이라는 판단이 내려지면 무슨 일이 있어도 그 자리에서 바로 처리해야 한다.

내가 겪어본 바에 따르면 업무 능력이 뛰어난 사람들일수록 지시를 받은 즉시 일을 처리하는 경향이 있다. 업무와 관련된 정보는 지시를 받았을 당시가 가장 확실하기 때문에, 그 자리에서 바로 처리하는 것이 효율적이다. 나중에 하려고 하면 관련 정보를 다시 떠올리고 찾아보는 일에 시간을 낭비하게 된다.

앞에서 속도 이야기를 하면서 언급했지만, 시간이 흐를수록 상대는 더 높은 수준의 결과물을 기대한다. 반면 단시간 내에 효율적으로 결과물을 내놓으면 다소 수준이 떨어지더라도 무난히 넘어갈 수 있다.

지시 받은 업무를 즉시 처리해야 하는 또 다른 이유는, 직급이 올라갈수록 신경 써야 할 일들이 많아, 개별 업무의 상세한 정보를 정확히 기억하기가 어렵기 때문이다. 업무관리 체크 리스트를 만들어 관리하는 방법이 있긴 하지만, 항목이 200건을 넘어갈 정도가 되면 큰 의미가 없다. 가장 좋은 방법은 즉시 그 자리에서 처리하고 마무리하는 것이다.

내가 만나 본 경영자나 고위 관리직들은 업무에 관한 부탁을 받으면 바로 그 자리에서 혹은 휴식시간을 이용해서 전화로 바로 지시를 내린다. 워낙 처리해야 할 업무량이 많기도 하고 나중에 시간을 들여 부탁 받은 내용을 떠올리려면 노력이 많이 들기 때문에, 가능한 일은 그 자리에서 바로 처리하는 것이다.

이는 비단 높은 위치에 있는 사람들에게만 해당되는 이야기가 아니다. 일반사원들도 가능하면 즉시 해결할 수 있는 일은 바로 처리해서 시간을 효율적으로 사용할 수 있어야 한다. 그러면 당신도 유능한 직장인이 될 수 있다.

한편 스케줄을 관리할 때는 집중해서 시간을 들여 해야 할 일과 즉시 행동으로 옮길 수 있는 일이 혼재되지 않도록 유념해야 한다. 두 종류의 일이 섞여 있으면 업무의 효율성이 현저하게 떨어지기 때문이다.

어떤 일에 집중하려면 어느 정도의 예열시간이 필요하다. 따라서 그런 일을 할 시간을 따로 정해 두고 예열시간까지 고려해서 스케줄을 진행해야 시간 낭비 없이 업무를 처리할 수 있다. 전화 같이 간단히 행동으로 옮길 수 있는 일은 그것들대로 한꺼번에 묶어서 한 번에 해결하자.

이런 식으로 업무의 속성을 구별해서 스케줄을 짜면 업무의

효율이 한층 높아진다.

> **Tip**
>
> **업무를 속성별로 분류하여 스케줄을 짜면 업무의 효율이
> 높아진다.**

13

상사를 다루는 방법을 알면 일이 줄어든다

비즈니스 스킬과 관련된 말 중에 'Managing your boss'라는 말이 있다. 직역하면 '상사를 관리하라'는 의미이다.

상사를 잘 관리할 수 있으면 짧은 시간에 수준 높은 결과물을 만들어 낼 수 있다. 그러면 당연히 좋은 평가를 받을 수 있다.

예를 들어 상사가 회의 자료를 만들라는 지시를 내렸을 경우, 어느 정도로 양식을 갖춰야 하는지에 따라 자료 작성에 소요되는 시간이 크게 달라진다. 더 구체적으로 말하면, 상사가 그 자료를 이용해서 어떤 자리에서 무엇을 이야기하고자 하는지를 알면, 그에 맞는 적절한 수준의 결과물을 내놓을 수 있는 것이다.

때에 따라서는 상사가 이미 갖고 있는 정보를 활용해서 소요 시간을 줄일 수 있는 경우도 있다. 실제로 상사의 정보를 이용하면 30분 만에 완성할 수 있음에도 불구하고, 그 존재를 알지 못해 일일이 직접 찾아보다가 시간을 낭비하는 경우가 종종 있다.

작업을 시작하기 전에 혹시 참고할 만한 자료가 있는지, 상사가 특별히 생각하고 있는 것이 있는지를 물어 상사의 의중을 먼저 확인하자. 그러면 자료 작성에 걸리는 시간을 크게 줄일 수 있다.

한편 상사 스스로 아직 목표가 명확하지 않은 상태에서 지시를 내리는 경우도 있다. 그럴 때는 그 자리에서 바로 목표를 명확히 해야 한다. 애매한 상태에서 작업을 시작하면 결국 손해를 보는 것은 부하 직원 쪽이다. 목표를 명확히 하지 않은 채로 일을 진행했다가 나중에 "이게 아닌데"라는 말을 듣게 되는 경우가 부지기수이다.

공격적인 커뮤니케이션으로 목표를 확정하라!

수시로 목표를 확인하는 것도 상사를 잘 다루는 방법이다.

한 차례 목표를 확인하고 작업을 시작했다. 그런데 막상 일을 진행하다 보니 마감 날짜에 맞춰 마무리하지 못할 것 같거나 충분한 수준의 결과물이 나오지 않을 것 같다. 그러면 즉시 목표를 다시 설정해야 한다. 이때 중요한 것은 적극적인 커뮤니케이션, 즉 상대가 묻기 전에 먼저 질문을 던져 목표를 재조정하는 것이다.

가만히 있다가 상사가 "기간 내에 끝낼 수 있겠어?"라고 물었을 때에서야 "늦어질 것 같습니다."라고 대답하면 자신에 대한 평가가 나빠진다. 그래서는 원하는 날짜로 마감일을 연장받을 수 없다.

반면 이 쪽에서 먼저 적극적으로 확인을 하면 원하는 바를 이끌어 낼 수 있다. 만약 상사가 지시한 기한 내에 자료 작성이 끝날 것 같지 않으면 다음과 같이 말하자.

"현재 상태가 이러하고 따라서 이 자료를 작성하는 목적은 이것이라고 생각합니다. 그 목적에 부합하려면 이 정도 수준의 자료가 필요할 것으로 보이는데 어떻게 생각하십니까?"

"지금 제가 이러이러한 일을 하고 있어서 시간이 부족합니다. 그래서 월말까지 마감기한을 늦춰 주셨으면 좋겠습니다. 자료를 작성하는 목적을 생각해 보면 월말까지 기한을 늦춰도 문제가 없을 것이라 생각합니다만, 어떻게 생각하십니까?"

이 때 중요한 포인트는 업무 목표로 거슬러 올라가 거기서부터 이야기를 논리적으로 전개하는 것이다. 이런 식으로 상사에게 먼저 적극적으로 질문을 하면 80%의 확률로 "그렇게 하도록 하지."라는 답변을 이끌어낼 수 있다.

상사와의 교류로 가치가 올라간다!

이런 식으로 상사를 다루면 스스로 업무 목표를 조정하면서 더 효율적으로 그리고 원활하게 업무를 이행할 수 있다. 뿐만 아니라 상사의 평가도 좋아진다. 즉, 적극적인 커뮤니케이션을 통해 "그 친구는 참 일을 잘 해.", "일의 목적을 아주 잘 파악하고 있더라니까."라는 식의 평가를 받을 수 있게 된다.

목표를 명확히 하고 적극적인 자세로 먼저 물어보면 업무량도 2~3배 정도 줄일 수 있다. 반대로 그렇지 못하면 일을 하는데 적지 않은 어려움을 겪게 된다.

실제로 나는 이 방법을 활용해서 효율적으로 일을 처리해왔다.

내가 전에 일하던 회사에는 '클라이언트와의 미팅 일정은 1주일 전에 미리 결재를 받는다.'는 규칙이 있었다. 그리고 결재를 받기 3일 전에 상사와의 회의를 통해 일정을 조정했다.

만약 미팅을 위한 준비가 아무 것도 되어 있지 않은 상태에서 회의에 들어가면, 상사에게 이런저런 지적을 받게 된다. 업무량도 엄청나게 늘어난다. 하지만 자신의 생각을 조목조목 정리해서 들어가면, 대부분은 "이걸로 됐네."라는 식으로 회의가 마무리된다. 설령 추가항목이 있더라도 한두 가지 정도에 불과하다. 요컨대 적극적인 커뮤니케이션 태도를 취함으로써 업무량도 줄일 수 있게 된다.

도저히 기한 내에 업무를 마칠 수 없을 것 같을 때는 먼저 선수를 쳐서 전화나 이메일로 상담을 청한다. 심지어는 나는 새벽 한 시가 넘어서 이메일을 보낸 적도 있었다. 마감기한을 얼마감 남겨 둔 시점에 아침 일찍 혹은 밤늦게 연락을 취하면, '최선을 다 했는데도 기한 내에 마칠 수 없게 된 모양이군.'이 라며 이해해 준다.

이처럼 적극적인 커뮤니케이션으로 상사를 잘 다루게 되면 업무를 더 효율적으로 수행할 수 있다.

> **Tip**
> **적극적인 자세로 상사와 커뮤니케이션을 하면 업무의 효율 성과 함께 평가도 높아진다.**

14

커뮤니케이션 할 상대방의
직급을 파악한다

사회에서는 업무 성과뿐만 아니라 일상의 사소한 부분들이 모두 평가의 대상이 된다. 예를 들어 상사가 "지난 번 그 건은 어떻게 됐지?"라고 물었을 때, "네? 그 건이라뇨?"라고 되묻는다면 어떻게 될까. 안타깝게도 당신에 대한 상사의 평가는 떨어질 것이 분명하다.

특히 시간을 다투는 업종일수록 그런 경향이 더 두드러진다. "그 일은 어떻게 되어 가고 있어?"라는 질문에 바로 대답할 수 있는지 없는지가 평가의 중요한 기준이 된다.

또 회의에서 하나의 안건이 마무리되고, 이어서 "XX 건 말인

데요."라고 바로 다른 주제로 화제로 전환됐을 때, 흐름을 놓치지 않고 이야기를 이어갈 수 있는지 여부도 상사의 평가에 적지 않은 영향을 미친다.

즉, 사회에서는 상대가 말하고자 하는 것을 재빨리 파악할 수 있는 커뮤니케이션 능력이 중시된다. 그런 능력을 향상시키기 위해서는 먼저 상대방의 직급이나 위치에 따라 관심사가 다르다는 것을 알아야 한다.

상대방의 직급을 의식하면 커뮤니케이션이 원활해진다

예를 들어 한 기업이 이익을 늘리기 위한 방법을 고민하고 있다고 하자. 이익을 늘리는 방법으로는 고객을 늘리거나, 상품의 가격을 올리거나, 생산 비용을 절감하는 등의 방법이 있을 것이다. 이런 여러 가지 방법 중에 어떤 방법을 선택할 것인가를 고민할 때, 그 고민의 주체가 사장이냐 부장이냐 평사원이냐에 따라 중점을 두는 부분이 다 다르다. 왜냐하면 각각의 위치에 따라 관심사가 달라지기 때문이다.

사원 채용을 담당하는 인사부를 예로 들면, 가장 위에 있는 인사부장은 해외인력 채용 비율이나 브랜드 이미지에 대한 지원자들의 생각과 같은 주제에 관심을 갖고 있을 것이다. 반면 실무를 지휘하는 과장은 어떻게 하면 설명회를 원활하게 진행할 수 있을지, 내정자 수는 몇 명으로 할 것인지 등을 생각한다. 그런가 하면 그 밑에서 일하는 평사원은 설명회의 실제 운영이나 면접일정 등이 주된 관심사가 될 것이다.

이런 식으로 각각의 위치에 따라 관심사가 다르므로 커뮤니케이션을 할 때는 상대방의 관심을 갖고 있는 범위를 미리 파악해 둬야 한다. 그러면 갑자기 "그 건은?"이라는 질문을 받더라도 그 즉시 적절한 대답을 내놓을 수 있다.

직급을 의식한 커뮤니케이션 능력의 유무에 따라 상대에게 보여지는 역량에도 차이가 생긴다.

업무의 큰 맥락을 알고 싶어 하는 상사에게 지나치게 상세한 부분까지 보고하면 "그 이야기는 됐고."가 되어 버린다. 반대로 세부적인 핵심내용을 듣고 싶어 하는 상대방에게 전체적인 상황을 보고하면 "아니 그게 아니라 나는 더 상세한 진행사항을 듣고 싶은데"라는 식이 된다.

특히 경력이 짧을수록 자잘한 업무에 관계된 경우가 많아 상사가 원하는 보고 수준보다 지나치게 상세한 부분까지 보고하는 경향이 있다.

이건 어디까지나 내 개인적인 생각이지만, 상사의 관심사나 질문을 제대로 파악하지 못하는 상황이 두 번 이상 반복되면 '이 사람은 말귀를 못 알아듣는군.'이라는 인상을 주게 된다. 첫 번째는 실패했더라도 그 다음 기회에는 무슨 일이 있어도 실패하면 안 된다. 그렇지 않으면 덜 떨어진 사람이라는 말을 듣게 될 것이다.

직급의 차이를 활용하면 협상을 유리한 방향으로 이끌 수 있다

특히 영업직의 경우 계층을 의식한 커뮤니케이션 능력이 영업의 성공에 적지 않은 영향을 미친다. 영업 제안을 하는 자리에서 직급에 맞지 않는 커뮤니케이션을 해서 곤란한 상황에 처하게 되는 경우를 자주 볼 수 있다.

예를 들어 법인회사를 대상으로 영업을 한다고 생각해 보자.

실무자와 세부사항을 논의하고 다음 단계로 그 회사의 상사를 만나게 됐다. 이때 상대방이 듣고 싶은 것은 논의된 사항을 실제로 어떻게 착수할 것인가에 관한 이야기일 것이다. 그런데 이때 협상의 기본을 제대로 파악하지 못해, 이제까지 실무자와 해온 세부 진행사항에 관한 이야기를 그대로 반복해서 전달했다가 일을 그르치는 경우가 적지 않게 발생한다. 실패의 이유는 자명하다. 관리자와 실무자의 관심사가 각각 다르다는 점을 간과했기 때문이다.

실무자 입장에서는 구체적인 진행사항이 관심사가 되겠지만, 관리자 입장에서는 '정해진 예산과 한정된 시간 내에 좋은 품질의 물건을 만들 수 있을까?'와 같이 좀더 큰 틀의 이야기에 관심을 갖기 마련이다. 협상에서 이런 실수를 하지 않기 위해서라도 평소에 상대방의 직급을 의식한 커뮤니케이션을 하는 훈련을 하자.

참고로 사내에서 이런 방식의 커뮤니케이션을 하고 싶으면 각 사업부나 팀별로 정해져 있는 목표를 조사해 보자. 그러면 각 직급에 따라 어떤 목표를 갖고 있고 무엇에 관심을 갖고 있는지를 쉽게 파악할 수 있다.

직급을 의식한 커뮤니케이션에 익숙해지면 이를 의도적으로 변형해서 협상을 유리하게 전개할 수 있는 테크닉으로 활용할 수 있다.

직급의 높낮이를 조정해 상대의 마음을 움직여라!

예를 들어 당신이 과장급과 이야기를 나누게 되었다고 가정하자.

먼저 초반 5분 동안 상대방의 마음을 사로잡은 후, "귀사가 추구하는 궁극적인 목표는 이런 것이 아닐까 생각합니다만." 이라고 의도적으로 수위를 한 단계 높여 말해 보자. 그러면 '이 사람은 나랑 말이 통하는군.'이라는 정도의 생각을 갖고 있던 상대방도 '정말로 우리 회사를 잘 이해하고 있네.'라는 인상을 받아 마음을 열고 더 적극적으로 대화에 참여한다.

반면 임원진과 이야기를 할 때는 먼저 상대방의 직급에 맞춰 이야기를 나눈 후, 이어 수위를 낮춰 현장 수준의 이야기를 꺼낸다. 의도적으로 수위를 낮춤으로써 상대방이 평소에 쉽게 얻을 수 없는 정보를 전달하면서 관심을 유도하는 것이다.

단, 이 테크닉을 구사할 때 유의해야 할 점은 초반에는 반드시 상대방의 직급에 맞는 이야기를 해야 한다는 점이다. 처음부터 직급에 맞지 않는 말을 하면 '이 사람은 아무 것도 모르는군.'이라고 생각한다. 요컨대 직급에 맞춰 이야기를 진행한 후 의도적으로 수위를 낮추거나 높여야 상대방의 마음을 움직일 수 있다.

이런 테크닉은 사내에서도 매우 유용하게 활용할 수 있다. 예를 들어 입사 3년차인 선배와 회의를 한다고 하면, 처음에는 상대방의 직급에 맞춰 논의를 전개한다. 그런 후 "그렇다면 거시적인 관점에서는 이렇게도 볼 수 있겠네요."라며 수위를 높여 이야기를 이어나갈 수 있다. 상대방의 마음을 움직이기에 더 없이 효과적인 방법이니 반드시 실전에 활용해보길 바란다.

Tip
상대방의 직급을 의식하면 커뮤니케이션의 수준이 높아진다.

15

월요일에는 업무의
강도를 높여라

좋은 성과를 내기 위해서는 집중해서 일할 수 있는 환경이 만들어져야 한다. 그런 의미에서 월요일 오전은 좋은 성과를 내기에 그다지 좋은 환경은 아니다.

실제로 일을 하다 보면 느끼겠지만 대부분 사람들이 실제적인 업무 대신, 주말 동안 잃었던 업무 페이스를 되찾고 일주일 동안의 일정을 정리하며 월요일 오전을 보낸다. 즉, 월요일 오전을 본격적인 업무를 위한 워밍업 시간으로 활용하고 있는 것이다. 그러다 보니 실제로 일하는 시간은 주 5일이 아니라 4.5일이 된다.

물론 이는 어쩔 수 없는 일이긴 하다. 주말 동안 다소 느슨해진 정신과 컨디션을 원상태로 회복시키기 위해서는 어느 정도의 워밍업이 필요하기 때문이다.

하지만 당신이 더 높은 곳을 바라보고 있다면 절대로 그렇게 시간을 낭비해서는 안 된다.

월요일이 힘들면 업무시간이 늘어난다

월요일 오전 시간을 낭비하지 않기 위한 방법으로 추천하고 싶은 것은 의도적으로 월요일의 업무 강도를 높이는 것이다. 예를 들어 월요일 오후 1시에 회의가 예정되어 있다면 자연스럽게 월요일 오전부터 집중해서 업무를 하게 될 것이다. 용의주도한 사람은 그 전 주 금요일 저녁에 미리 스케줄을 정리해 두고, 다음주 월요일 아침부터 바로 업무에 집중할 수 있도록 환경을 만들어 놓을 것이다.

요컨대 강도 높게 월요일 일정을 세워 두면 남들보다 빨리 업무에 임할 수 있게 된다. 즉 다른 사람들이 일하지 않는 0.5일(=월요일 오전)의 시간을 효율적으로 활용할 수 있게 되는 것이다.

이 방법을 반복하다 보면 자연스럽게 월요일 오전부터 일하는 것에 익숙해진다. 능력을 10% 향상시키기란 쉽지 않은 일이다. 하지만 업무 시간을 4.5일에서 5일로 늘리기는 쉽다.

단 주의해야 할 것은 그렇다고 해서 너무 강도가 센 업무를 월요일에 배치해서는 안 된다. 자칫하다가는 주말에 출근해서 일해야 될 상황에 처할 수도 있으니 주의하자.

Tip

월요일의 업무 강도를 높이면 월요일 오전을 효율적으로 활용할 수 있다.

16

수면 부족 대처법

직장생활을 하다 보면 잠이 부족한 상태에서 회사에 출근하는 일이 종종 일어난다. 이럴 때는 어떻게 대처하는 것이 좋을까?

일본 후생노동성의 조사 결과에 따르면 일본인 5명 중 1명이 수면 부족에 시달리고 있다고 한다. 일본 경제 전체를 두고 봤을 때 수면 부족으로 인한 손해가 무려 3조 5,000억 엔에 달한다는 연구 결과도 있다.

수면 부족에 대처하기 위해서는 먼저 '수면 만족도'라는 개념을 알아야 한다. 예를 들어 어떤 사람이 3시간을 잤다고 했을 때, '3시간이나 잤다.'라고 생각하면 수면 만족도가 높아진다. 반대로 '3시간 밖에 못 잤다.'라고 생각하면 수면 만족도는 낮아진다.

수면 만족도가 높으면 업무 효율성이 향상된다

인간은 뇌의 지배를 받는 동물이다. 따라서 뇌가 어떻게 인식하느냐가 인간의 활동성을 좌우한다. 실제로는 수면이 턱 없이 부족하더라도 뇌가 '충분하다.'고 인식하면 활동에 전혀 지장을 받지 않는다. 나는 대학 시절 다음과 같은 실험을 통해 그 사실을 직접 눈으로 확인했다.

(1) 피실험자에게 3시간 동안 수면을 취하게 하고, 기상 후에 "3시간 주무셨습니다."라고 말하고 여러 종류의 업무를 하게 한다.

(2) 동일한 피실험자에게 3시간 동안 수면을 취하게 하고, 기상 후에 "6시간 주무셨습니다."라고 말하고 여러 종류의 업무를 하게 한다.

실험 결과 계산이나 정보입력과 같은 단순 업무를 처리하는데 있어서 (2)의 경우가 더 효율적으로 업무를 처리한다는 것을 확인할 수 있었다. 수면 만족도에 따라 업무 효율이 달라진 것이다.

잠이 부족해서 컨디션이 안 좋은 날에는 '괜찮아, 나는 할 수 있어.'라고 자기암시를 걸어보자. 분명 효과가 있을 것이다. 단, 뇌가 잘 움직이지 않는 상태에서 복잡한 업무를 하는 데는 여전히 무리가 있으므로, 그럴 때는 단순작업 위주로 업무를 진행하는 것이 좋다.

Tip

자기암시를 통해 업무의 효율성을 높여라. 단, 잠이 부족한 날에는 단순작업을 하라.

17

실행력의 차이가
실적의 차이로 이어진다

컨설턴트로 활동하다 보면 어떻게 하면 좋은 실적을 낼 수 있는지에 대한 질문을 자주 받곤 한다. 나는 그럴 때 '실행력을 높이라.'고 조언한다.

소위 잘 나가는 회사들을 보면 모두 정해진 사항을 철저하게 실행한다는 공통점을 갖고 있다. 동일한 비즈니스 모델이나 상품을 취급하고 있음에도 불구하고 실적에 큰 차이가 나는 것은 전적으로 실행력의 차이에서 기인한다.

이는 개인 차원에서도 마찬가지이다. 좋은 실적을 내려면 정해진 것을 확실히 행동으로 옮길 수 있는 실행력이 필요하다.

실행력을 높이기 위한 방법으로는 약속 리스트를 만드는 방법이 있다. 회의를 통해 결정된 사항을 누가, 무엇을, 언제까지 실행해야 하는가라는 항목으로 정리해서 리스트로 만드는 것이다. 이렇게 약속 리스트를 만들어 철저히 관리하면 실행력을 높일 수 있다.

약속 리스트 = 꼭 해야 할 일!

약속 리스트를 효과적으로 활용하려면 다음의 두 가지 점에 주의해야 한다.

첫째는 당연한 이야기지만 약속된 것을 빠짐없이 기록하는 것이다. 회의에서 결정된 사항은 아무리 사소한 부분이라도 빠짐없이 리스트에 올린다.

둘째는 만들어진 리스트를 바로 실행에 옮기는 것이다. 기껏 약속 리스트를 만들어 놓고도 실행하지 않는 경우를 종종 볼 수 있다. 이런 상황이 반복되면 결국 약속 리스트 자체가 유명무실해진다. 일단 약속 리스트가 만들어지면 철저히 실행에 옮겨야 한다.

이 두 가지를 철저히 이행하면 약속 리스트를 꼭 해야 할 일로 인식하는 분위기가 자연스럽게 형성된다. 그리고 약속 리스트를 목표로 해서 더 진지하게 논의에 참여할 수 있게 된다.

"다른 업무도 있으니까 기한을 좀 조정해 주십시오."

"그 내용은 이 프로젝트의 목적에 맞지 않습니다."

"저 혼자 힘으로 좀 부족하니 A씨와 함께 일하게 해주십시오."

이런 식으로 구체적으로 논의를 진행하면 불가능한 일을 약속 리스트에 포함시키는 실수를 방지할 수 있다. 동시에 실행하기로 한 것에 대한 세부사항을 확인하고 공유함으로써 보다 내실 있게 회의를 진행할 수 있다.

약속 리스트를 중심으로 일을 진행하는 방식에 익숙해지면 지시받은 업무가 애매할 때, "이 업무의 목적은 무엇입니까?", "언제까지 끝내면 됩니까?"라고 철저히 확인하는 습관이 생긴다. 약속 리스트로 인해 회사와 개인의 실행력이 함께 향상되는 것이다.

실행력의 차이가 실적의 차이를 만든다!

'실행력'이란, 정해진 일을 정해진 기한 내에 완수하는 능력을 말한다.

아무리 좋은 계획을 세웠다 하더라도 그 계획을 실제로 완수하지 않으면 좋은 결과를 기대하기 어렵다. 비즈니스의 핵심은 실행력이다. 특히 시장이 이미 포화상태에 이른 상품을 취급하는 업계에서는, 실행력의 차이가 곧 기업의 실적 차이로 이어진다.

그 대표적인 예가 내가 컨설턴트 3년차 때 담당한 N사의 경우이다. 당시 N사는 동일 업종의 기업이 5만 개나 되는 업계에서 영업생산성 1위, 영업이익률 1위를 기록하는 초우량기업이었다.

당시 내가 맡은 일은 N사의 고객 만족도를 개선하는 것이었다. 그런데 프로젝트가 시작되고나서 가진 두 번째 회의에서 굉장히 인상적인 광경을 목격하게 되었다. 회의는 먼저 첫 번째 회의에서 결정된 일들의 진행상황을 확인하는 것으로 시작됐다.

사실 첫 번째 회의에서 결정된 일은 사내 데이터 정리나 소비자 대상 홍보자료 제작 등 꽤 손이 많이 가는 작업들이었다. 회의 3일 전에 담당자에게 전화로 확인했을 때만 해도 대부분이 미완성인 상태였다. 이때문에 다소 불안한 마음을 안고 두 번째 회의에 참석했다.

그런데 막상 회의를 시작하고 보니 첫 번째 회의에서 진행하기로 결정된 사항들이 모두 완성되어 있는 것이 아닌가. 전날 밤늦게까지 일을 마무리 하느라 고생을 했는지 담당자의 얼굴에는 피곤한 기색이 역력했다. N사가 초우량 기업이 될 수 있었던 것은 바로 이런 실행력 때문이었다.

성과 = 전략 × 실행력

놀라웠던 점은 그것 뿐만이 아니었다.

두 번째 회의 결과 제작된 홍보자료를 바로 현장에서 사용하기로 결정되었다. 하지만 3개월이 지나도 별다른 효과가 나타나지 않았다. 그러자 바로 관련 회의를 열어 개선방안을 논의한 후 새로운 버전을 다시 제작하게 되었다.

결정한 사항을 바로 현장에서 실행하고 그 효과를 철저히 검토한 후, 부족한 부분을 파악해서 새로운 대책을 세우는 과정이 일사천리로 진행된 것이다. 이렇게 해서 만들어진 새로운 버전의 홍보자료를 현장에 투입한 결과 N사는 목표로 했던 성과를 올릴 수 있었다.

성과를 수식으로 표현하면 '성과 = 활동의 질 × 활동량' 혹은 '성과=전략×실행력'라고 나타낼 수 있다. 이때 전략과 실행력은 별개가 아니다. 실행력이 높으면 전략의 질도 향상된다. N사는 실행력을 높임으로써 전략의 질을 향상시킬 수 있었기 때문에 꾸준히 높은 성과를 올릴 수 있었다.

전략은 실행했을 때 비로소 의미를 갖는다. 만약 전략을 실행했는데도 기대했던 성과가 나오지 않는다면 '실행 결과가 이러하니 전략을 수정해야겠다.'라는 식으로 개선해 나가면 된다. 요컨대 전략을 실행함으로써 전략의 수준을 높여가는 것이다.

> Tip
> **전략과 실행력에는 상관관계가 있으므로 확실한 실행이 중요하다.**

18

실행력의 차이가
실적의 차이로 이어진다

앞서 자신이 가진 강점에 지나친 자신감을 갖거나, 그 강점을 기준으로 다른 사람을 평가하면 안된다고 강조했다. 하지만 자신이 성장하고 있다는 사실 혹은 성장 속도에 관해서는 자신감을 가져도 좋다.

오랜 기간 직장 생활을 하다 보면 당연히 여러 가지 기술들을 익히게 된다. 그런데 그것을 기준으로 젊은 후배들과 비교하며 "나는 이런 기술을 갖고 있다고."라는 식으로 자만하면 안된다.

중요한 것은 자신이 얼마나 꾸준히 성장하고 있느냐 하는 것이다. 예를 들어 "1주일 동안 이 정도의 기술을 더 연마했다." 라고 말할 수 있다면 얼마든지 자신감을 가져도 좋다. 그러면 후배들도 분명 당신을 멋진 선배라 생각할 것이다.

사람이 하루에 1%씩 성장한다고 했을 때, 어제의 내가 1이 었다면 오늘의 나는 1.01이 된다. 그리고 내일은 1.01의 1%만 큼 더 성장한다. 이렇게 365일 꾸준히 1%씩 성장을 거듭하면 1년 후에는 어느새 37이 되어 있는 자신을 발견할 것이다.

즉, 매일 매일 1%씩 성장한다는 생각으로 노력하면 1년이라 는 시간 동안 무려 37배나 성장할 수 있는 것이다. 그리고 자신 의 그런 성장 속도에 자신감을 갖게 되면, 자신의 가치도 그만 큼 높아진다.

다양한 관점에서 성장 속도를 점검하라

성장 속도를 의식하고 그 속도를 높은 수준으로 유지하려면 알맞은 비교 대상이 필요하다. 대표적인 비교 대상으로는 다음 의 3가지가 있다.

첫 번째 비교 대상은 함께 일하는 동료들이다. 함께 일하는 사람들과 비교했을 때 과연 자신이 성장하고 있는지 확인한다. 두 번째 비교 대상은 과거의 자신이다. 1년 전에 비해 나는 얼마나 성장했는지 비교해 본다. 세 번째 비교 대상은 외부 사람들이다. 다른 부서에서 일하고 있는 동기나 거래처 사람들, 혹은 잡지에서 자주 볼 수 있는 유명 비즈니스맨 등과 자신을 비교해 보자.

이처럼 다양한 비교 대상들과 자신을 비교함으로써 자신의 현재 상태와 성장 속도를 점검하고 확인할 수 있다.

예를 들어 당신이 동기들 중에 가장 먼저 승진을 했다고 가정하자. 이 때 동기들을 비교 대상으로 삼는다면 당연히 당신이 최고가 될 것이다. 하지만 과거의 자신과 비교해 보면 오히려 성장 속도가 떨어져 있을 수도 있다. 비교 상대를 다른 회사 사람으로 삼으면 또 다른 성장의 여지를 발견하게 될 수도 있다. 이런 식으로 다양한 비교 대상을 두고 자신을 점검하면 새롭게 동기부여가 된다.

성장 속도를 높은 수준으로 유지하기 위해서는 어려운 업무에 도전할 수 있는 용기와 도전의식을 갖는 것도 중요하다. 실패를 두려워하고 할 수 있는 일만 해서는 절대로 성장할 수 없다. 세상에는 실패를 해야만 알게 되는 일들도 많다. 실패를 통해 새로운 것을 배울 수 있으면 그만큼 성공에 더 가까워진다. 그렇게 하루하루 성장해 가는 자신에 대해서는 자신감을 가져도 된다.

> **Tip**
> 다양한 관점에서 성장 속도를 점검하며 끊임없이 자신을 성장시키자.

제3장

학력이 전부가 아니다

학습 편

01

생각만으로
바뀌지 않을 때도 있다

정체상태에 빠져 고민해 본 사람이라면 누구나 한 번쯤 '생각을 바꾸라'는 말을 들어 봤을 것이다. 문제의 본질을 꿰뚫은 정확한 지적이라고 생각한다. 예를 들어 서비스직에 종사하는 사람이라면, 매뉴얼을 그대로 따라 하기 전에 먼저 고객을 대하는 올바른 마음가짐과 태도를 갖춰야 할 것이다. 올바른 생각과 의식을 갖추면 어떤 기술을 어떻게 갈고 닦아야 할지도 알 수 있다.

하지만 사람에 따라서는 생각을 바꾸는 것만으로 문제를 해결하기에 역부족인 경우가 있다. 특히 사회 경험이 적을수록 생각의 중요성을 제대로 이해하지 못하는 경우가 많다. 사회 경험이 많은 사람들에 비해 상대적으로 세상을 바라보는 시야가 좁기 때문에, 생각의 변화를 시도하기가 쉽지 않은 것이다.

그럴 때는 먼저 행동부터 바꿔볼 것을 권한다.

내가 예전에 일했던 컨설팅 회사에는 회의를 시작하기 전에 큰 소리로 인사하는 규칙이 있었다. 회의를 시작하기 전에 "잘 부탁드립니다.", 회의가 끝난 후에는 "감사합니다."라고 인사를 해야 했다. 보통의 컨설팅 회사에는 없는 조금 독특한 규칙이었다.

당시의 나는 인사가 중요하다는 사실을 알고 있었지만 그 이유는 제대로 이해하지 못하고 있었다. 그래도 '일단 규칙이니까 해보자.'라는 생각으로 규칙에 따라 인사를 행동으로 옮겼다. 그랬더니 놀랍게도 인사가 중요한 이유를 알 수 있게 되었다.

큰 소리로 인사를 하고 회의를 시작하면 머리가 맑아지고 그만큼 회의의 질이 높아진다. 동시에 인사를 함으로써 집중력이 높아져 회의에 더 집중할 수 있게 된다는 사실도 알 수 있었다.

이처럼 행동을 바꾸면 직접 그 효과를 몸으로 느낄 수 있고 그 결과 생각도 바뀐다.

여담이지만, 훗날 내가 회의를 주관하는 입장이 되자 사원들이 인사하는 모습만 봐도 각자가 어떤 마음가짐으로 회의에 임하는지 파악할 수 있었다.

행동을 바꾸면 생각이 바뀐다!

서비스직에 종사하는 사람들을 교육할 때 빠지지 않는 것이 '고객에게 웃는 얼굴로 대하라.'는 것이다. 이런 교육을 받고 실제로 현장에서 웃는 얼굴로 고객을 대한 어떤 사원이 고객에게 "웃는 얼굴이 참 보기 좋네요."라는 말을 들었다고 해보자. 그러면 그 사원은 웃는 얼굴의 효과를 직접 체감함으로 인해 그 중요성을 이해하게 된다. 이렇게 해서 생각이 바뀌면 자연스럽게 그런 행동은 습관이 된다. 즉, 행동을 바꾸자 생각이 바뀌고 그 결과 서비스직으로서 경쟁력을 갖게 되는 것이다.

그렇다고 해서 모든 사람이 문제를 해결하기 위해 반드시 행동을 바꿔야 한다는 말은 아니다. 앞서 말했듯이 생각을 바꿈으로써 행동을 변화시킬 수 있는 사람도 있다. 중요한 것은 문제를 해결하는 데 있어서 여러 가지 방법이 있다는 것을 아는 것이다.

일본 유명 프로골퍼인 아오키 이사오가 이런 말을 했다.

"흔히들 운동선수에게 가장 중요한 것은 마음가짐, 그리고 그 다음이 기술과 몸이라고 말합니다. 하지만 저는 그 반대라고 생각해요. 운동선수에겐 무엇보다 몸이 가장 중요해요. 몸이 잘 만들어져 있어야 기술도 마음가짐도 충실해집니다. 마음가짐, 기술, 몸이 아니라 몸, 기술, 마음가짐인 거지요."

비즈니스맨이 행동을 바꾸고 생각의 변화를 시도하는 것처럼, 운동선수인 그는 자기 나름대로의 방법으로 몸을 먼저 갖추고 그에 적합한 기술과 마음가짐을 갈고 닦은 것이다.

이는 비즈니스 세계에서도 마찬가지이다. 생각의 변화를 시도하는 것부터 시작하는 것이 잘 맞는 사람이 있는가 하면, 행동부터 바꾸는 것이 잘 되는 사람도 있을 것이다.

비즈니스맨으로서 커리어를 쌓아가다 보면 생각의 중요성을 느끼게 되는 경우가 많은 것이 사실이다. 하지만 그에 못지않게, 행동함으로써 새로운 것을 배우는 경우도 많다. 중요한 것은 다양한 방법을 적극적으로 시도해 보는 것이다.

Tip

행동을 바꾸면 생각이 바뀐다. 학습의 방법을 늘려가자.

02

무엇이 100점인지 알면
시간을 절약할 수 있다

앞서 2장에서도 언급했지만 비즈니스 세계에서는 질과 속도라는 두 가지 측면에서 성과를 평가한다. 따라서 질적으로 만족스러운 결과물을 내는 것뿐만 아니라, 목표 지점에 빠른 시간 내에 도달하는 것도 중요하다. 그렇다고 해서 속도를 너무 중시한 나머지 질을 등한시해서도 안 된다.

질과 속도 두 가지 토끼를 잡을 수 있으려면 먼저 무엇이 100점인지를 알아야 한다. 100점짜리 결과물에 대한 기준을 머릿속에 그리고 있으면 최소의 노력으로 최고의 성과를 낼 수 있다.

무엇이 100점인지 알면 효율성이 높아진다!

비즈니스 세계에는 '파레토 법칙'이라는 것이 있다. 예를 들어 어느 가게의 매출과 전체 고객 수를 각각 100으로 봤을 때, 통계적으로 매출의 80%가 20%의 고객에 의해 이뤄진다는 것이다. 그렇다면 우량 고객인 20%에 서비스를 집중하는 것이 높은 매출을 올리기 위한 보다 효율적인 방법이 될 것이다.

그렇다면 이 법칙을 회사 업무에 적용시켜 보면 어떨까? 가령 100점짜리 결과물을 내기 위해 100시간이 필요하다고 하자. 하지만 80점짜리 결과물로 충분하다면 20시간이면 해낼 수 있다. 비즈니스에서는 80점을 받을 수 있도록, 일을 하는 것이 효율적이라는 결론이 나온다. 그러려면 80점짜리 결과물이 무엇인지를 알아야 한다. 그리고 80점짜리 결과물을 알려면 무엇이 100점인지를 먼저 알아야 한다.

회사들 중에는 신입사원에 대한 교육 차원에서 속도보다 질을 강조하며 일을 시키는 회사들이 있다. 무엇이 100점인지를 알게 하려는 것이다. 그런 회사에서 직장생활을 시작한 사람이라면 주어진 기회를 잘 활용하여 무엇이 100점인지를 확실히 알아두도록 하자.

반면 처음부터 질과 속도 모두를 요구하는 회사도 있다. 그런 회사에서 일을 배우는 사람은 일단은 회사의 방침대로 일을 하고, 따로 시간을 할애하여 무엇이 100점인지를 스스로 찾아봐야 한다.

결재가 끝난 서류를 한 번 더 검토하고 보완해서 상사에게 다시 확인을 받아보는 것이 좋은 방법이다. 해당 업무는 완료되었지만, 나중을 위해 완성도를 높일 수 있는 방법을 알고 싶다고 정중히 조언을 구하면 상사도 기쁜 마음으로 응해줄 것이다. 이렇게 업무의 질을 높이려고 노력하면서 조금씩 속도를 높여가면 비즈니스 스킬이 향상된다.

회의록을 작성할 때도 마찬가지이다. 회의록의 경우에는 특히 질보다 속도가 더 요구되는 경우가 많다. 따라서 무엇이 100점짜리 회의록인지 적어도 한 번쯤은 확실히 파악해 둘 필요가 있다.

발언자의 의도가 정확히 반영되어 있는가? 논리 구성은 잘되어 있는가? 오자나 탈자는 없는가? 포인트가 잘 정리되어 있는가? 등을 점검해 보면 자신이 작성한 회의록이 몇 점짜리인지, 100점짜리 회의록이 되게 하려면 어떤 부분을 개선해야 하는지를 알 수 있다.

처음부터 계속 80점만 받아 온 사람은 무엇이 100점인지 알지 못한다. 따라서 80점짜리 결과물로 충분한 상황에서도 어느 지점에서 손을 떼야 하는지 모르고 시간을 낭비한다. 바꿔 말하면, 무엇이 100점인지를 알면 질과 속도라는 두 마리 토끼를 모두 잡을 수 있다.

Tip

무엇이 100점인지 알면 시간을 절약하여 효율적으로 일을 진행할 수 있다.

03

'한 문장 훈련'으로
업무의 본질을 파악하라

   당연한 이야기지만 이 세상에는 요령이 좋은 사람과 그렇지 않은 사람이 있다. 빠른 시간에 요령을 터득하는 사람이 있는가 하면 그렇지 못한 사람도 있다. 비즈니스에 있어서 둘 중 어느 쪽이 바람직한가 하면 당연히 전자이다. 요령을 터득했다는 것은 업무의 본질을 정확히 파악하고 있다는 의미다. 그러므로 그만큼 일을 성공적으로 해낼 가능성이 높다.

   요령을 터득하기 위한 방법으로 이른바 '한 문장 훈련'이라는 것이 있다. 자신이 하고 있는 일을 '××의 핵심은 ○○이다.'라는 식으로 정리해 보는 것이다.

예를 들어 영업직의 경우는 '영업의 핵심은 첫 만남에서의 커뮤니케이션'이라는 문장으로 정의할 수 있을 것이다. 여러 가지 요소들 중에 자신이 가장 중요하다고 생각하는 것을 간단하게 한 문장으로 정리하는 것이 업무의 요령이 된다.

각자 맡고 있는 업무에 따라 '생산성을 높이는 핵심은…', '고객 접대의 핵심은…', '비용 절감의 핵심은…' 하는 식으로 자신의 업무를 한 문장으로 정리해 보자.

업무의 핵심을 한 문장으로 정리한다!

내 경우를 예로 들어 보면, 나는 '회의 진행의 포인트는 약속 리스트'라고 생각한다. 따라서 회의에 참가하기 전에 반드시 지난 회의에서 작성한 약속 리스트를 보고 회의 내용을 준비한다. 본 회의도 최종적으로 약속 리스트를 작성하는 것을 목표로 진행한다. 그러면 핵심에서 벗어나지 않고 회의를 진행할 수 있다. 오랫동안 그렇게 해오다 보니 약속 리스트를 작성하고 검토하는 나름의 요령도 생겼다.

사원들에게 일일 보고서나 분기별 보고서를 작성하게 하는 회사들이 많은데, 솔직히 결과를 단순히 나열하기만 해서는 의미가 없다고 생각한다. 업무를 통해 실제로 배운 것을 '××의 핵심은 ○○이다.'라는 문장으로 정리하는 습관을 갖도록 하자.

흥미로운 점은 업무 경험이 많아지고 비즈니스맨으로서 레벨이 올라갈수록 문장의 내용이 조금씩 달라진다는 것이다. 이미 써 놓은 문장을 보고 '이 문장이 더 맞을 것 같다.'는 생각이 들어 문장을 바꿔 쓰는 일이 빈번히 일어난다. 이는 곧 자신이 조금씩 성장하고 있다는 증거이다. 이처럼 한 문장 훈련을 꾸준히 하다 보면 요령이 좋아지고 업무의 본질을 잘 이해할 수 있게 된다.

상사나 선배에게 조언을 구할 때도 "저는 영업의 핵심을 이것이라고 생각합니다. 선배님은 어떻게 생각하세요?"라고 물으면 조언을 얻을 수 있을 것이다.

Tip
'한 문장 훈련'을 습관화하면 요령이 좋아진다.

04

학창 시절의 경험을 활용하라

제2장에서 단어장 활용법에 대한 이야기를 했는데, 그 외에
도 학창 시절의 경험을 비즈니스에 활용할 수 있는 방법들이
있다. 그 중 하나가 바로 '암기'이다. 업무를 할 때 깊게 생각하
기보다 진행 방법을 암기하는 것이 간단할 경우, 말 그대로 '외
워 버리는' 것이다.

요즘 '제로베이스 사고'라는 개념이 유행하고 있다. 제로베
이스 사고란, 선입견을 갖지 않고 문제를 해결하려는 사고방식
을 의미한다. 물론 이렇게 완전히 백지상태에서 문제를 다루는
것이 문제해결의 실마리를 찾는데 도움이 되는 경우도 있다.

하지만 반복적으로 하는 업무의 경우는 처음부터 생각하기보다 방법을 통째로 외워 버리는 것이 더 효율적이다.

마치 초등학교 산수에서 '이런 경우는 이런 공식을 쓴다.'라고 배우듯이, '이런 상황에서는 이렇게 해결하면 된다.'라는 식으로 처리 방법을 암기해 두면 신속하게 일을 처리할 수 있다. 단, 외워두어야 한다고 판단되면 그날 즉시 암기해 두는 것이 좋다.

회사 업무 중에는 이처럼 방법을 외워서 진행하는 것이 효율적인 단순작업들이 의외로 많다. 그런 일까지 일일이 생각하면서 처리하려고 하면 오히려 시간을 낭비하게 된다.

단순작업은 방법을 암기해 시간을 효율적으로 활용할 수 있도록 하자.

시간표를 활용해서 업무의 효율을 높여라

또한 시간표를 활용해서 업무의 효율을 높이는 방법도 있다. 나는 개인적으로 시간활용 면에서 학교 시간표만큼 잘 만들어진 시스템도 없다고 생각한다. 왜냐하면 수업과 수업 사이에 반드시 쉬는 시간이 있기 때문이다. 일본의 경우, 중학교는 50분 수업 후 10분, 대학교는 90분 강의 후 15분간 휴식 할 수 있게 되어 있어 집중력을 발휘하기에 매우 효과적이다.

사실 인간이 3시간 이상 어떤 일에 집중한다는 것은 거의 불가능하다. 그럼에도 불구하고 대부분의 회사들은 9시부터 정오까지 별도의 쉬는 시간 없이 일하는 시스템을 적용하고 있다. 이런 환경에서는 화장실에 가거나 담배를 피우러 가는 등, 제각기 알아서 휴식을 취할 수밖에 없다. 하지만 회사 차원에서 정확히 시간을 정해 휴식을 취할 수 있게 하면 업무의 효율이 한층 높아진다.

실제로 우리 회사는 '파워 타임'과 '커뮤니케이션 타임'이라는 개념을 적용한 업무 스케줄을 운영하고 있다. 파워 타임이란 70분 동안 집중해서 일하는 시간을 뜻하고, 커뮤니케이션 타임은 그 후 20분 동안 휴식을 취하는 시간을 가리킨다. 우리 회사는 아침 9시 15분부터 15분 동안 조례를 한다. 그리고 9시 30분부터 첫 번째 파워 타임이 시작되어 70분이 지나면 첫 번째 커뮤니케이션 타임이 시작된다. 이렇게 총 5번의 파워 타임이 지나면 하루 업무가 종료된다.

파워 타임 동안에는 일체의 대화를 금지한다. 사무실에 전화 박스를 별도로 설치해서, 통화는 그곳에서만 하도록 정해 놓았다. 업무 공간을 가능한 한 조용하게 해서 일에 집중할 수 있게 한 것이다.

커뮤니케이션 타임에는 무엇을 하든 자유이다. 화장실에 가도 되고 담배를 피우러 가도 된다. 다른 부서와 회의를 하거나 간단한 보고, 연락, 상담 등은 모두 이 시간 내에 해결하도록 하고 있다.

일의 목표를 확인하는 것도 커뮤니케이션 타임에 이뤄진다. 그런데 이때 20분이라는 시간제한이 상당히 효과적이다. 시간이 한정되어 있는 만큼 지시를 내리는 쪽은 최대한 간결하고 정확히 말하려 노력한다. 지시를 받는 쪽도 이 시간 이후 70분 동안은 대화를 할 수 없으므로, 주어진 시간에 상대의 지시 사항을 집중해서 듣고 확인한다. 그 결과 추가 질문을 하러 가는 등의 시간 낭비가 크게 줄었다.

학교 시간표를 응용한 이런 방법을 통해 집중과 휴식을 반복하면 일에 리듬이 생기고 업무 효율도 높아진다.

파워 타임 70분은 내 경험에서 힌트를 얻어 정했다. 대학 시절을 떠올려 보니 수업 시간 90분 동안 내내 집중하는 학생을 본 기억이 거의 없었다. 공부벌레들만 모였다는 도쿄대에서 조차 그랬으니, 사실상 90분 동안 집중할 수 있는 사람은 많지 않을 것 같다는 생각이 들었다. 이어 초등학교와 중학교 시절을 돌이켜 보니 그때는 이제 좀 집중할 만하다 싶으면 벨이 울렸다. 그래서 90분과 50분의 중간인 70분을 집중하기 위한 파워 타임으로 정하게 된 것이다.

Tip

70분 동안은 집중해서 일하고 20분 동안은 주변 사람들과 커뮤니케이션을 한다. 시간표를 활용하면 효율적으로 일할 수 있다.

05
100점보다 좋은 70점

학창시절의 경험을 비즈니스에 활용하는 방법 중에 이른바 '70점 이론'이라는 것이 있다. 여러분이 학교에서 시험을 봤다고 가정했을 때, 몇 점 정도를 받으면 학습이 가장 효율적으로 이뤄졌다고 볼 수 있을까?

만약 50점 이하를 받았다면 모르는 것이 너무 많은 상태이다. 어디에서부터 손을 대야할지 몰라 추후 개선이 쉽지 않을 것이다. 반대로 90점 이상을 받았다면 자기 자신이 대부분 알고 있다고 생각하고 방심하기 쉽다. 시험 자체를 통해 배우는 것도 거의 없다.

이렇게 보면 가장 이상적인 점수는 70점 정도가 된다는 것이 바로 '70점이론'이다. 시험에서 70점을 받으면 어느 정도는 성취했다는 자신감이 생김과 동시에 개선해야 할 점들도 명확해진다. '지금 상태도 나쁘지 않지만 이 부분을 고치면 더 나아질 것이다. 이런 대책을 세워서 다시 한 번 해 보자.'라고 발전적인 방향으로 나아갈 수 있는 것이다.

업무의 난이도를 조정하라

이는 회사 업무에서도 마찬가지이다.

만약 당신이 90점 정도의 평가를 받을 만한 업무를 하고 있다면, 그 일을 통해 배울 수 있는 것은 거의 없다고 보면 된다. 이런 경우에 잘 모르거나 해보지 않았던 일에 자발적으로 도전하지 않으면 성장하지 못하고 정체된다.

반대로 50점도 받지 못할 것 같은 어려운 업무를 하고 있다면, 갈피를 잡지 못하고 상황 파악조차 제대로 되지 않을 것이다. 업무의 난이도가 너무 높음에도 불구하고 어떻게 해서든 해결하려고 하다가 오히려 아무 것도 배우지 못한다.

즉, 두 경우 모두 업무의 난이도를 조정할 필요가 있는 것이다. 점수가 너무 높은(=업무가 너무 쉬운) 경우에는 새로운 분야의 업무나 한 단계 더 어려운 일을 시도해 보자. 반대로 점수가 너무 낮은(=업무가 너무 어려운) 경우에는 시간을 더 요청하거나 주변에 도움을 청해 난이도를 낮출 필요가 있다. 두 경우 모두 목표 점수는 70점이다.

지시를 하는 쪽에서도 난이도를 조정할 수 있어야 한다. 상사들 중에는 아무리 열심히 해도 30점 밖에 받을 수 없을 만큼 어려운 일을 시켜 부하 직원을 궁지에 몰아넣는 사람이 있다. 반면 자신감을 갖게 한다는 이유로 쉽게 90점을 받을 수 있는 일을 지시하는 상사들도 있다.

지시를 받는 쪽도 지시를 하는 쪽도 가장 이상적인 점수는 70점이라는 사실을 염두에 두고 업무의 난이도를 조정할 수 있도록 하자.

Tip
70점짜리 일을 하면 자신감과 반성이 균형을 이뤄 성장의 발판이 된다.

06

학창 시절의 경험을 활용하라

사람이라면 누구나 감정의 기복이 있기 마련이다. 의욕이 마구 샘솟는 날이 있는가 하면, 왠지 의욕이 없고 만사가 귀찮은 날도 있다. 그럴 때 스스로 의욕을 고취시키는 자신만의 스위치를 갖고 있는 사람이라면, 비즈니스맨으로서 상당한 경쟁력을 가졌다고 볼 수 있다.

왜냐하면 의욕적으로 일할수록 활동량이 늘어나고 활동량이 늘어날수록 그 결과도 좋기 때문이다. 비즈니스에 있어서는 능력의 차이보다 의욕의 차이가 훨씬 더 큰 영향을 미친다. 따라서 직장인이라면 의욕을 유발하는 방법을 하나쯤은 갖고 있어야 한다.

내가 추천하는 첫 번째 방법은 칭찬을 받았을 때나 어떤 목표를 달성했을 때의 기억을 떠올려 보는 것이다. 자아도취처럼 보일 수도 있지만 가능하면 그런 기억을 떠올려 보는 것이 좋다. 시간이 흐르면 사람의 기억은 희미해지므로 잊지 않고 필요할 때 떠올려 볼 수 있도록 이메일이나 사진으로 저장해 두자.

이메일이나 사진을 보면서 '나는 이런 일도 해 냈었네!', '이 때는 정말 좋았는데'라고 당시를 떠올려 보면, 어느새 자신도 모르게 샘솟는 의욕을 느낄 수 있을 것이다.

좋아하는 문장으로 스스로를 응원한다

두 번째 방법은 의욕을 불러일으켜 주는 책이나 음악을 듣는 것이다. 출근 전에 좋아하는 책을 읽거나 좋아하는 음악을 듣는 것만으로도 의욕을 이끌어낼 수 있다. 매일 이런 일을 반복하면 그 효과도 커진다. 나는 그런 사실을 경험을 통해 알게 되었다.

팀장으로 일하던 시절에 여러 가지 복잡한 일들 때문에 한 동안 슬럼프를 겪은 적이 있었다. 그래서 매일 아침 집을 나서기 5분 전에 빌 게이츠의 다음과 같은 문장을 반복해서 읽었다. '오늘도 이기겠다는 생각으로 출근해야 한다. 인간은 궁지에 몰렸을 때 최고의 능력을 발휘할 수 있다.'는 내용이다.

20년 동안이나 이기겠다는 생각을 품고 살아 온 것인가 싶어서 대단하다는 생각이 들었다. '위기를 기회로 바꿔야 하는구나.'라고 새삼 깨닫기도 했다. 이처럼 출근 전에 좋아하는 문장을 읽으며 하루하루 분발해서 비로소 슬럼프에서 벗어날 수 있었다.

유명한 축구 선수 호셉 과르디올라의 말도 자주 읽었던 문장 중 하나였다. "반드시 이기겠다는 약속은 할 수 없지만 도전을 계속하겠다는 것만은 약속합니다. 앞으로 롤러코스터(=앞으로 팀의 행보)가 더 재미있어질 테니 모두 안전벨트를 메주시기 바랍니다." 그가 2008년 바르셀로나 감독을 취임했을 당시 취임 인사로 했던 말이다.

스포츠 선수들이 시합 전에 이전의 시합 영상을 보면서 의욕을 고취시키는 것처럼 매일 아침 의욕을 유발하는 나만의 스위치를 켜자.

07

책은 알고자 하는 것이
명확할 때 읽어라

독자들 중에 비즈니스 서적을 열심히 읽었는데, 돌이켜 보니 기억에 남는 내용은 없었던 경험을 한 이들이 많을 것이다. 책의 내용이 인상에 남지 않은 이유는 아웃풋을 전제로 인풋을 하지 않았기 때문이다. 풀어 말하면 그 책을 읽고 그 내용을 바탕으로 무엇을 하겠다는 생각을 하지 않고 책을 읽었다는 것이다. 지식은 발휘할 것을 전제하지 않으면 쉽게 머릿속에 들어오지 않는다.

따라서 책은 해결해야 할 과제나 자신이 알고자 하는 것이 명확할 때 읽어야 효과가 있다. 책을 읽기 전에 '나는 지금 무엇을 알고자 하는가?'를 생각하는 것이 중요하다.

나는 책을 읽을 때 '속독법'을 사용한다. 속독의 포인트는 '목적에 맞는 부분만 효율적으로 읽기 위함'이다. 1,000페이지 이상 되는 책 한 권에서 나에게 필요한 부분은 극히 일부에 불과하다. 즉, 일일이 시간을 들여다 읽지 않아도 되는 부분이 상당이 많다는 것이다. 아웃풋을 전제로 읽으면 그런 부분을 읽는데 낭비하는 시간을 아낄 수 있다.

애매한 지식은 아예 없는 게 낫다!

책을 읽고 막연하게 지식량을 늘리기만 하는 것도 경계해야 한다. 주변을 둘러보면 유독 다양한 관심사를 갖고 관련서를 찾아 읽는 사람들이 있는데, 내가 볼 때는 그냥 시간 낭비일 뿐이다.

나는 어설프게 배우느니 아예 배우지 않는 편이 훨씬 낫다고 생각한다. 인간은 무언가를 배울 때, 새로운 사실을 알게 되고 깨달았다는 감동이 있으면 그 내용을 훨씬 잘 기억한다. 그리고 그런 감동은 과제를 제대로 인식하고 있을 때 더 쉽게 느낄 수 있고, 아웃풋이 전제되어 있을수록 머릿속에 남는 내용이 많아진다.

반면 과제를 제대로 인식하지 못한 상태에서 책을 읽으면 감동 없이 애매한 지식들만 머릿속에 쌓인다. 그리고 정작 그 지식이 정말로 필요한 상황에서 다시 그 책을 읽어도 이미 감동을 느낄 수 없게 되었기 때문에 기억에 남거나 내 것으로 체득되지 않는다.

설령 좋은 책을 샀더라도 지금 당장 내가 떠안고 있는 문제와 관련이 없다면 읽지 말고 책장에 꽂아두는 편이 낫다. 나중에 그 책이 꼭 필요할 때를 대비해 두는 것이다. '이왕 샀는데 안 읽으면 돈 아깝잖아.'라는 생각에 당장 필요하지도 않은 책을 읽으면, 결국 시간과 미래의 감동을 낭비하는 셈이 된다.

요컨대 책은 자신이 알고자 하는 것 혹은 얻고자 하는 것이 확실할 때 읽는 것이 효과적이다.

카테고리를 보면 사회의 변화가 보인다!

우리 집 책장에는 책들이 각각 카테고리 별로 분류되어 정리되어 있다. 그렇게 해둔 것은 필요에 의해 책을 읽을 때 무엇을 읽어야 할지를 쉽게 판별하기 위해서이다.

카테고리는 사고법, 경영전략, 마케팅, 조직관리, 리더십, 역사관 등이다. 한 번 읽은 책은 정말 좋았던 것과 그저 그랬던 것으로 나누고 후자는 처분한다. 남아 있는 책 중에 제일 좋았던 책은, 연말연시나 명절 연휴 때 1년에 한 번 정도 다시 읽는다.

최근에 약간 줄어들긴 했지만 내가 평균적으로 1년 동안 읽는 책은 200권 정도이다. 잡지까지 포함하면 300권 정도는 된다. 사회생활을 시작하고 3년 동안은 매월 책값만 4만 엔 정도를 썼다. 처음부터 끝까지 제대로 읽는 책은 구입한 책의 절반 정도이고, 나머지는 책장에 정리해 두고 필요할 때 필요한 부분만 골라 읽는다.

책을 카테고리 별로 분류하면 사회의 변화를 읽어낼 수 있다는 이점도 있다. 그 예로 2007년쯤부터 책장을 정리할 때 어느 카테고리에도 들어가지 않는 책들이 한두 권 생겨났다. 모두 소셜 비즈니스에 관한 책들이었다.

그 후 존 우드의 《히말라야 도서관(Leaving Microsoft to Change the World)》을 읽고 작가의 혁신적인 생각에 충격을 받았다. 나는 당장 책장에 '소셜 비즈니스'라는 카테고리를 추가했다. 이렇게 책을 카테고리 별로 분류함으로써 사회의 변화를 읽어낼 수 있었다.

신문, 입사 후 3년 동안은 읽지 마라!

요즘 젊은 사람들이 신문을 읽지 않는다며 우려하는 목소리들이 있는 것 같다. 하지만 사회생활을 시작하고 3년 정도는 신문을 읽지 않아도 특별히 문제될 것이 없다는 것이 내 생각이다. 신문은 정보가 너무 많기 때문에 나름대로 정보 정리 방법을 터득한 후에 읽는 것이 더 효과적이다.

사실 세상의 흐름을 파악하는데 있어서 신문만큼 편리한 수단도 없다. 그런 경우에도 종이신문의 1~3면 정도만 읽으면 충분하다. 단 인터넷이나 스마트폰으로 신문을 보는 것은 좀 부족하다는 생각이다.

종이신문을 읽을 때는 해당 정보가 어떤 카테고리에 해당되는지 나름대로 정리해가며 읽어야 한다. 그렇지 않으면 아까운

시간만 낭비한 꼴이 된다. 앞서 이야기했던 책장의 경우처럼 신문 정보도 분류해야 한다.

예를 들어 영업직에 종사하는 사람이 신문 정보를 분류한다면, 대화를 풍부하게 하는 정보, 제품의 매력을 어필할 수 있는 정보, 고객과의 협상에서 쓸 만한 정보 등으로 분류해 볼 수 있다. 조직관리를 맡고 있는 사람이라면, 실무에 필요한 정보, 팀원들을 격려하기 위한 정보, 거래처와의 관계를 강화하기 위한 정보 등으로 나눌 수 있을 것이다.

책과 마찬가지로 신문 속 정보 역시 그냥 그대로 두기만 해서는 내 것이 되지 않는다. 짧은 시간에 요즘 무엇이 쟁점인지를 간단히 훑어보는 것이 목적이라면 신문을 읽기보다는 실시간 검색어를 확인하는 편이 낫다. 하지만 얻고자 하는 정보와 그 목적이 확실한 상태에서 신문을 읽으면 그 정보는 100% 내 것이 된다.

> **Tip**
> **책이나 신문을 읽을 때는 확실한 목적을 가져라. 그래야 그 지식은 내 것이 된다.**

08

남들과 다른 눈을 가진 자가 승리한다

나는 중학교 때 처음으로 세상의 '불합리함'과 마주했다. 몇 십 년이 지난 지금까지도 잊혀 지지 않는 이른바 '파란 하늘' 사건을 통해서였다.

하루는 학교에서 사생대회가 열렸다. 학교에서 도보로 20분 정도 걸리는 곳에 가서 경치를 그리는 것이 대회의 주제였다. 그날은 아침부터 흐리고 하늘에 구름이 가득 끼어 있었다. 그래서 나는 파란색 물감 대신에 흰색과 회색 물감을 사용해서 하늘을 그렸다. 쉽지 않은 과정이었지만 당시에 그림 그리는 것을 워낙에 좋아했기에 최선을 다해 그림을 그렸다.

그로부터 한 달 후, 수상자가 발표됐다. 그런데 이상하게도 금상, 은상, 동상을 받은 그림 속 하늘이 하나같이 파란색으로 채색되어 있었다. 학교 선생님에게 그날은 날씨가 흐렸는데 그림 속 하늘이 파란 것은 좀 이상한 것 같다고 이의를 제기했지만, 선생님은 그냥 흐지부지 얼버무리고 넘어가셨다. 다른 아이들의 그림도 대부분 하늘이 파란색이었다.

그래도 '역시 이상한 것은 이상한 것'이라는 생각에 계속해서 이의를 제기하자 결국 나만 이상한 아이가 되어 버렸다. 나름 그림에 자신이 있었던 만큼 분한 마음이 컸다. 그런데 나이가 들고 보니 당시 흐지부지 넘어갔던 학교 선생님을 이해할수 있게 되었다.

지금까지의 일본 기업은 효율적인 과정을 거쳐 공산품을 생산하는 것을 가장 중요하게 생각했다. 이때 중요한 것이 각각의 작업에 의문을 갖지 않고 조직 구성원들이 하나가 되는 것이다. 그런 국가에서 관리직 역할을 맡고 있는 학교 선생이 일반론에 근거하여 수상자를 결정하는 것은 지극히 당연한 결과이다. 즉, 하늘은 언제나 파란색이어야 하는 것이다. 그런데 최근에는 그런 일본의 비즈니스 모델에도 변화의 바람이 불고 있다. '하늘은 언제나 파란색'이라는 전형적인 가치관이 도전을 받는 시대가 된 것이다. 즉, 하늘은 언제나 파란색이 아니라 회색일 수도 있고 주황색일 수도 있다.

비즈니스 세계에서도 이런 사고방식이 필요하고 중요해졌다. 지나치게 상식이나 과거의 범주로만 생각하다가는 비즈니스 세계에서 절대로 성공할 수 없는 시대로 변화했다. 오히려 기존의 가치관이나 방법에 의문을 가질 수 있어야 비즈니스맨으로서 성공할 수 있는 시대가 된 것이다.

리더에게는 다른 사람과는 다른 관점이 필요하다!

이처럼 비즈니스맨으로 성공하려면 남들과 다른 눈으로 사물을 볼 줄 알아야 한다. 입사 후 3년 동안은, 먼저 필요한 스킬을 배우고 제 몫을 다 해내는 것이 더 중요하다. 이 때문에 남들과 다른 관점이라는 것이 별로 필요하지 않을 수도 있다.

하지만 뛰어난 리더가 되고 싶거나 일류 비즈니스맨이 되는 것이 목표라면, 남들과 다른 자기만의 관점을 갖는 것이 반드시 필요하다. 앞으로는 주변과 다른 시선을 가진 사람이 인정받는 시대가 될 것이기 때문이다.

비즈니스맨으로 살아간다는 것은 인생 전반에 걸쳐 자신의 가치를 높이는 것이다. 명함을 대신할 수 있는 독자적인 사고와 비즈니스 스킬을 갈고 닦고 축적하자. 그러면 당신도 성공한 비즈니스맨이 될 수 있다.

> **Tip**
>
> **앞으로는 남들과 다른 눈을 가진 사람이 인정받는다.**

09

진정한 리더는 비전을 제시한다

최근 리더십의 중요성을 강조하는 목소리들이 높아지면서 '팀장이 아닌 리더가 되라.'라는 말이 유행하고 있다. 그렇다면 리더가 되려면 어떤 자질이 필요할까?

오랜 기간 컨설턴트로 그리고 한 회사의 책임자로 일해 오면서 내가 내린 결론이 있다. 리더는 비전을 제시할 수 있어야 한다는 것이다. 진정한 리더는 조직이 위기 상황에 처해 있을 때 미래를 미리 내다보고 미래를 말할 줄 아는 능력을 갖고 있어야 한다.

컨설턴트의 역할은 어디까지나 조직의 문제점을 지적하고 그 해결 방안을 구체적으로 제시하는 것이다. 그 이상의 비전을 제시하는 것은 리더의 몫이다. 즉, 조직이 바뀌면 어떤 미래가 기다리고 있을 것인지를 제시하는 것이 리더가 해야 할 일인 것이다. 리더가 비전을 제시하지 못하면 아무리 좋은 해결방안이 있어도 그 조직의 미래는 없다.

단, 실무급 관리직의 역할은 조금 다르다. 관리직은 과거와 현재의 정확한 데이터를 근거로 어떻게 하면 현재의 문제를 해결할 수 있는지를 할 수 있어야 한다. 그리고 그 내용을 명확히 구성원들에게 전달할 수 있으면 관리직으로서의 직무를 성공적으로 수행했다고 볼 수 있다.

미래를 생각하고 말하라!

앞서 말한 것처럼 리더는 구성원들에게 비전을 제시할 수 있어야 한다. 당장의 문제해결 방안이 아니라 조직의 미래, 장기적인 비전을 제시해야 한다. 그런 능력을 연마하기 위해서는 훈련을 통해 미래에 대해 말하는 습관을 들이는 것이 좋다.

"나는 이렇게 되고 싶다."

"이런 일을 해서 고객들에게 도움이 되고 싶다."

"우리 조직이 이렇게 되길 바란다."

이런 식으로 매일 미래에 대해 생각하고 말하는 습관을 들이자.

상대적으로 몽상가적 기질이 다분한 학생 때는 자신의 미래에 대해 생각하거나 미래에 대한 이야기를 나누는 경우가 많다. 하지만 사회인이 되면 점점 미래를 생각하지 않게 된다. 당장 회사 업무만으로도 너무 바쁘고 모든 관심이 현재와 과거에 집중되어 있기 때문이다. 대부분의 업무시간을 눈앞에 있는 업무에 할애하다보니 미래를 생각할 여유가 없는 것이다.

하지만 입사 후 3년 정도 지나면 어느 정도 업무에 익숙해지고 마음의 여유가 생긴다. 이때를 놓치지 말고 시간을 들여 미래를 생각하고 말하는 훈련을 하자.

훗날 진정한 리더로 활약할 수 있으려면 지금부터 미리 미래를 말할 수 있는 능력을 갖춰 둬야 한다. 그렇지 않으면 리더가 되었을 때 제대로 리더십을 발휘할 수 없게 된다. 미래를 내다보고 구체적인 비전을 제시할 수 있는 리더가 되고 싶다면 미래를 말하는 훈련을 게을리하지 말자.

> **Tip**
>
> **미래를 말하는 훈련을 통해 리더로서의 자질을 갖출 수 있다.**

제 4 장

상대의 마음을 읽어라
인간관계 편

01

불합리한 상대를 이해하는 방법

직장에서 상사 혹은 동료들과 우호적인 인간관계를 맺기 위해서는 '상대방의 역사를 아는 것'이 중요하다.

상대방에게서 위화감이나 불합리함이 느껴지거나 이해되지 않는 부분이 있는 것은 서로의 가치관이나 판단 기준이 다르기 때문이다. 불합리함의 이면에는 반드시 나름의 이유가 있다. 이 때 상대방의 가치관을 미리 파악하고 있으면 인간관계에서 오는 스트레스를 줄일 수 있다.

예컨대 사회생활 10년차인 선배가 어떤 경로로 현재에 이르렀는지를 들어보는 것이다. 그 동안 어떤 노력을 했고 어떤 성공을 거두었는지, 어떤 일에서 보람을 느끼는지, 존경하는 인물은 누구인지, 그리고 가장 인상 깊었던 고객은 어떤 사람이었는지 등, 여러 가지 이야기들을 들어 볼 수 있으면 좋다.

상대의 성장 배경이나 인생 역정을 알면 그 사람이 갖고 있는 현재의 가치관과 판단 기준을 이해할 수 있다. 그러면 불합리하다고 생각했던 부분도 어느 정도 납득할 수 있게 된다.

겉만 보고 판단하면 나와 맞지 않는 것 같은 사람도, 그 사람의 뿌리를 알게 되면 어딘가 공감할 수 있는 부분들을 발견하게 된다. 그리고 그런 부분들을 통해 서로를 이해할 수 있게 된다.

상대를 이해함으로써 우호적인 관계를 맺고 싶다면 다음의 4가지를 반드시 알아두자.

(1) 어떨 때 보람을 느끼고 즐거워하는가?

(2) 어떤 사람을 존경하고, 어떤 유형의 사람을 좋아하는가?

(3) 인생 최악의 실패는 무엇인가?

(4) 왜 지금 이 일을 하고 있는가?

이상의 4가지를 알면 상대방의 행동을 상당 부분 이해할 수 있게 된다. 입사 초기에 같이 식사라도 하는 기회를 만들어 미리 파악해둘 수 있도록 하자.

상대를 알면 인간관계에서 오는 스트레스가 줄어든다

물론 상대를 알기 위해 노력하는 것만큼 자신을 상대에게 이해시키는 것도 중요하다. 예나 지금이나 인간관계란 그렇게 깊어가는 법이다.

상대에게 '나는 당신을 이해하고 있다.'는 메시지를 에둘러 전달할 수 있으면 상대도 나를 배려해 준다. 즉, 상대를 알면 상대에 대한 이해도가 높아지고, 그 결과 자신을 이해해준다는 인상을 받으면 인간관계에서 오는 스트레스가 크게 줄어드는 것이다. 상대와 오랫동안 좋은 인간관계를 지속하고 싶다면 꼭 시도해보자.

예전 회사에서 일할 때는 상사 혹은 동료들과 자주 술자리를 함께 하며 서로의 생각을 공유하곤 했었다. 그런데 요즘은 그런 자리가 점점 줄어들고 있는 추세이다. 그 결과 인간관계를 보다 효율적으로 구축할 수 있는 기술이 더욱 더 중요해졌다.

그런 의미에서 앞서 제시한 기술을 익히면 술자리가 서툰 사람이나 상대를 이해하는 것에 소극적이었던 사람도 어렵지 않게 상호 이해라는 목적을 달성할 수 있다. 상대를 알고 자신을 알리면서 원활히 소통할 수 있는 인간관계를 맺는 것 또한 사회인에게는 매우 중요한 부분이다.

> **Tip**
>
> **상대의 역사를 알고, 자신을 알리면 인간관계에서 오는 스트레스가 크게 줄어든다.**

02
상대를 진심으로 칭찬하라

한 번은 법인회사를 경영하는 사람에게 '첫 만남에서 가장 신경 써야 하는 것은 무엇이냐?'는 질문을 받았다.

그래서 "만난 지 얼마 안 된 사람과 이야기를 나눌 때 가장 중요한 것은 상대방을 존중하는 자세입니다. 구체적인 방법으로는 상대방을 칭찬하는 방법이 있지요."라고 답했더니, 그건 이미 하고 있다는 답변이 돌아왔다.

다시 내가 "그럼 칭찬을 했는데 상대방이 겸손한 태도를 보이면 어떻게 하십니까?"라고 되물었다. 잠시 말없이 가만히 있더니 "다른 이야기로 넘어가지요."라고 대답하는 것이었다. 하지만 그래서는 진정한 의미에서 상대방을 칭찬했다고 말할 수 없다. 그저 영혼이 없는 인사치레에 불과하다.

중요한 것은 상대방을 진심으로 칭찬하는 것이다. 상대가 겸손하게 나오더라도 바로 다른 이야기로 넘어가지 말고 좀더 칭찬의 말을 건네야 비로소 진짜 칭찬이 된다.

예를 들어 "귀사 사원들은 다들 건실하고 훌륭하네요."라고 말하면, 상대방은 대개 "뭘요, 다들 보통입니다."라고 대답한다. 진짜 칭찬을 하려면 상대방이 겸손하게 대답하기 전에 다음과 같은 말을 덧붙여보자.

"이제까지 영업 때문에 많은 회사를 방문해 봤지만 귀사처럼 이렇게 전 직원이 바른 자세로 인사하고 웃는 얼굴로 대해 주는 곳은 처음입니다."

이런 식으로 더 구체적인 말로 칭찬을 하면 상대방도 '진짜 우리에게 관심을 갖고 있구나.'라는 인상을 받고 마음의 문을 연다. 진심에서 우러나 온 칭찬이 커뮤니케이션을 더 원활하게 만들어 주는 것이다.

어떻게 하면 상대방을 칭찬할 수 있을까?

다른 사람을 진심으로 칭찬할 수 있으려면 먼저 그 사람에 대해 관심을 가져야 한다. 평소 하던 것 이상으로 세심히 관찰하고 필요한 내용을 미리 조사해야 한다.

즉, 상대방을 진심으로 칭찬하려고 의식하면 그 대상에 대한 관심과 흥미가 생겨나고 그로 인해 진짜 칭찬이 가능해진다.

인간이라면 누구나 자신에게 관심을 가져주는 사람을 좋아하기 마련이다. 따라서 상대방에게 관심을 갖고 진심으로 칭찬할 수 있는 사람은 첫 만남에서 원활하게 대화를 이어갈 수 있다.

상대방을 꼼꼼히 관찰하고 진심으로 칭찬해 주자. 누구나 간단하게 할 수 있는 방법이지만 그 효과는 실로 대단하다. 내가 경험한 바에 의하면 진심으로 상대방을 칭찬할 줄 아는 사람은 10명 중에 1명도 채 되지 않는다. 칭찬을 들은 사람이 겸손한 태도를 취했을 때, 바로 다른 이야기로 넘어가는 사람을 보면 솔직히 '형식적으로 칭찬하고 있다.'는 인상을 주어 그다지 신뢰가 가지 않는다.

그럴 거라면 인사치레처럼 보일만한 말은 처음부터 아예 꺼

내지 않는 편이 더 낫다.

> **Tip**
>
> **관심을 갖고 상대방을 관찰한 후 진심으로 칭찬하라.**
> **커뮤니케이션이 더 원활해진다.**

03

일이 잘 안 풀릴 때는
스스로를 탓하라

일이 잘 안 풀릴 때면 남들을 탓하며 불평불만을 늘어놓는 사람들이 있다. 하지만 이는 결코 바람직한 자세가 아니다. 그럴 때는 자신에게서 그 원인을 찾도록 하자.

일이 잘 안 풀릴 때야말로 실패의 원인을 자신에게서 찾는 자세가 중요하다. 앞에서 '반성은 해도 후회는 안 한다.'고 말했는데, 의외로 반성하는 것에 서툰 사람들이 많다. 가장 대표적인 예가 내일은 내일의 해가 뜬다며 지나치게 긍정적인 사람들이다.

실패를 극복하려면 실패의 원인을 자신에게서 찾고 반성할 수 있어야 한다. 나는 본래 무엇을 했었어야 했나를 생각하지 않으면 다음에 똑같은 실수를 반복하게 된다. 일이 잘 풀리지 않을 때, 운이 나빴다거나 상대와 잘 안 맞았다와 같은 이유를 대며 남을 탓해서는 안된다. '나에게 뭔가 과실이 있지 않았을까?'라고 고민하면서 개선할 점을 찾는 자세가 필요하다.

일은 한다른 사람의 힘에 의해 돌아간다

이는 관리직도 마찬가지다. 직급이 높아질수록 알게 되겠지만, 일은 한 개인의 힘으로 돌아가는 것이 아니다. 저 사람 때문에 실패했다는 식의 생각은 변명 밖에 되지 않는다. 애초에 일이 성사되는 방식조차 제대로 이해하지 못하고 있다고 볼 수 있다.

이를 역으로 생각하면 어떤 일을 성공시키고 싶으면 주변 사람의 능력을 최대한으로 끌어내야 한다는 결론이 나온다. 그런데 일찍부터 자신을 탓하는 습관을 들여 놓지 않으면, 구성원들이 갖고 있는 능력을 살리기 위해 리더로서 자신이 무엇을 해야 할지 모른다.

자신에게서 실패 원인을 찾는다는 것은, 예컨대 후배가 업무에서 실수를 저질렀다고 했을 때 '일이 벌어지기 하루 전에 이메일로 조언을 해 주었더라면 피할 수 있었을 텐데.'라고 생각하는 것이다. 그러면 그 이후로 후배에게 더 신경을 쓰게 되고, 그 결과 후배도 실수 없이 업무를 원활히 진행할 수 있게 된다.

일이 실패했을 때는 먼저 자신에게서 실패 원인을 찾고 반성하자. 그리고 후천적 긍정성을 원료로 삼아 다음으로 나아가자. 그러면 실패를 성공으로 바꿀 수 있는 방법이 보일 것이다.

> **Tip**
> **일이 실패했을 때 자신에게서 원인을 찾고 반성하면 발전할 수 있다.**

04

능력 있는 선배와 어울려라

직장에서 일할 때 자기 관리만큼이나 중요한 것이 자신이 성장할 수 있는 환경을 만드는 것이다. 이를 위해서는 업무 때문에 만나는 사람들 중에서 적절한 교제 상대를 가려낼 수 있는 눈이 필요하다.

직장인들은 대부분의 시간을 직장에서 보내기 마련이다. 따라서 가능하면 입사 초기에 사내에서 가장 업무능력이 뛰어나고 존경할만한 사고방식을 가진 선배를 탐색해 보자. 주변에 코드가 맞는 사람들을 모아 두고 함께 어울리면, 그 속에서 자신의 성장 속도를 점검하고 유지할 수 있다.

자신의 상사를 두고 일 잘하는 상사를 따로 찾는 것은 현재의 상사를 무시하는 처사가 되지만, 선배라면 전혀 문제될 것이 없다. 능력이 뛰어나고 의욕이 넘치는 선배를 찾아 먼저 말을 걸고 어울리자. 주변으로부터 받는 자극이 많을수록 더 많이 성장할 수 있다.

일 잘하는 동료들과의 대화가 자극이 된다

그렇게 해서 선배들과 친해졌다면 이번에는 후배들을 모아보자. 사내 조직과 관계없이 좋은 의미에서의 동아리를 만들어보는 것이다. 그러면 자신이 슬럼프에 빠지더라도 주변 사람들의 영향을 받아 다시 의욕을 고취시킬 수 있다. 직장인에게는 그렇게 서로가 서로를 이끌어줄 수 있는 관계를 만들어 두는 것이 매우 중요하다.

현재 소속된 부서에서 충분한 자극을 받을 수 있다면 정말 운이 좋은 것이다. 그럴 때는 그 관계 속에 적극적으로 뛰어 들고 마음껏 즐기면 된다. 하지만 그렇지 않은 경우에는 자신이 직접 자극을 줄 수 있는 대상을 찾아 나서야 한다.

내 경우에는 사내 표창을 몇 번 받은 덕분에 자연스럽게 능력 있는 선배들과 안면을 트고 어울릴 수 있는 기회를 얻을 수 있었다. 시상식에서 여러 번 마주치다 보니 자연스럽게 그룹이 만들어진 것이다. 주기적으로 만나 이야기를 나눔으로써 좋은 자극을 많이 받을 수 있었다. 나중에는 적극적으로 우리 그룹에 들어오려고 하는 후배들도 생겨났다. 그리고 그들 역시 새로운 자극이 되어 주었다. 지금 생각해 봐도 굉장히 운이 좋았던 것 같다.

일반적으로 대기업에 취직한 사람들은 한 직장에서 오랫동안 직장생활을 하는 경우가 많다. 그럴수록 특히 그런 종류의 그룹들을 만들어 활동하는 것이 큰 효과를 발휘한다.

자극을 줄 수 있는 사람들과 적극적인 교류를 함으로써 스스로를 성장시킬 수 있는 환경을 조성하자.

> Tip
>
> **능력 있는 선배와 어울리면 성장의 원동력이 되는 자극을 받을 수 있다.**

05

감정이 없으면 성공도 없다

젊은 직장인들을 만나 보면 '일할 때는 논리적으로 생각하고 합리적으로 행동해야 한다.'는 생각을 가진 사람들이 의외로 많다. 하지만 감정이 없는 사람은 절대로 성공할 수 없다.

일반적으로 컨설턴트는 굉장히 합리적인 사람일 것이라는 이미지가 있는데, 실제로 보면 감정적인 성향의 사람들도 적지 않다. 리더십이 뛰어난 사람들 중에서도 감정적인 사람들이 많다.

감정은 마음에 깊게 새겨지는 성향이 있기 때문에 그로 인해 유발되는 동기는 강하고 오래 지속된다는 특징이 있다. 한편 감정이 없으면 동기를 유발시킬 에너지 자체가 없기 때문에 뭔가를 해 보겠다는 마음이 생기지 않는다. 그런 의미에서 일을 할 때도 감정이 필요하다. 감정을 겉으로 드러낼지 말지는 그 다음 문제이다.

비즈니스란 목표를 세우고 계획을 짜고 실행하는 과정이다. 그 후에 기다리고 있는 결과는 성공일 수도 있고 실패일 수도 있다.

나는 만약 결과가 성공적이라면 진심으로 기뻐한다. 반대로 실패했을 때는 마음껏 분해하고 다음에는 꼭 성공하고 말겠다고 다짐한다.

결과가 주는 이런 감정적인 자극이야말로 일의 진정한 재미를 느끼게 한다. 그리고 그런 감정이 새로운 일에 도전할 수 있는 동기를 부여한다. '분하다. 다음엔 꼭 성공해야지.'라는 감정이 없으면 그 다음 행동이 일어나지 않는다.

요컨대 일을 하는 데 있어서 강력한 동기가 될 수 있는 감정을 잃지 말아야 한다.

내 감정을 빌어 상대의 감정을 이해할 수 있다!

감정을 잃지 않고 있으면 동기부여 이외에도 또 다른 효과를 볼 수 있다.

사실 비즈니스의 세계는 감정의 힘으로 움직인다. 예컨대 상사의 기분이 좋지 않은 이면에는 집에서 아내와 부부 싸움을 했다는 등의 감정적인 원인이 반드시 존재한다. 그런 날에는 '뭔가 마음에 안 든다.'는 비합리적인 이유로 싫은 소리를 하게 될 수 있다.

이 때 논리적으로만 생각하는 사람은 그 상황을 당연한 것으로 받아들이지 못해 문제가 된다. 상대방도 사람인 이상 당연히 기분이 좋을 때가 있고 나쁠 때가 있다는 사실을 받아들일 수 있어야 한다.

하지만 자신의 감정을 소중히 하는 사람은 다른 사람의 감정도 잘 이해한다. 자신에게 감정의 기복이 있으니 당연히 상대도 그럴 것이라고 이해하고 능숙하게 대응한다. 즉 상대방의 부정적인 감정을 잘 받아 넘길 수 있게 된다. 그런 의미에서도 반복해서 말하지만 감정을 잃지 말아야 한다.

특히 요즘 젊은 직장인들은 지나치게 논리적인 업무 방식을 중시하는 경향이 있다.

"일본 기업에 비해 외국계 기업은 매우 논리적으로 판단한다."

"글로벌 기업에서 살아남기 위해서는 논리적으로 행동해야 한다."

이런 생각을 가진 젊은 직장인들이 많은데 실제로는 그렇지 않다. 특히 일본을 제외한 아시아계 사람들은 오히려 정반대로 감정적이다. 따라서 그들의 감정을 이해할 수 없으면 비즈니스를 원활하게 진행시킬 수 없다.

애플의 창업자인 스티브 잡스 역시 감정적인 사람으로 잘 알려져 있다. 좋은 리더가 되려면 감정이 중요하다는 말도 있다. 반면 일본에서는 감정의 중요성에 대한 인식이 조금 부족한 것 같다.

감정을 잃고 감정의 기복을 느끼지 못하면 업무를 대하는 태도도 무미건조해져, 결국에는 좋은 결과를 낼 수 없게 된다는 점을 기억하고 감정을 소중히 하자.

상대의 감정을 읽는 안테나를 세워라!

나는 평소에 사원 교육의 일환으로 일부러 직원들을 감정적으로 대하곤 한다. 일종의 직장훈련으로, 지나치게 논리적으로만 생각하는 젊은 사원들에게 '인간은 감정을 가진 동물'이라는 사실을 인지시키기 위함이다.

업무 상대도 인간인 이상 기분이 좋은 날이 있고 그렇지 않은 날이 있다. 그럴 때는 상대방의 기분에 따라 커뮤니케이션에도 변화를 주어야 한다. 그러려면 먼저 상대방의 감정에 민감해져야 한다.

만약 내가 사내에서 언제나 감정을 배제한 채로 냉정하게 행동하면 젊은 사원들은 '인간은 논리적인 존재'라는 그릇된 생각을 갖게 될 수 있다. 따라서 이를 막기 위해 일부러 감정의 기복을 드러냄으로써 '사람의 기분은 좋을 때도 있고 나쁠 때도 있다.'는 사실을 가르친다.

사람이 감정을 표현하는 것은 절대 이상한 일이 아니다. 오히려 지극히 당연하고 자연스러운 현상이다. 따라서 업무를 할 때도 그런 감정적인 부분을 고려해서 적절히 대응할 수 있어야 한다.

Tip

자신의 감정을 소중히 하는 만큼 상대방의 감정도 이해할 수 있다.

06
젊은 시절의 경험은 재산이 된다

　젊은 직장인들도 하루 이틀 커리어를 쌓아가다 보면 어느새 부하직원을 두고 조직을 관리하는 위치에 오르게 될 것이다. 이 때 필요한 것이 상대의 마음을 읽는 능력이다.

　예컨대 부하직원들을 모아놓고 업무 지시를 하기 전에 '이 이야기를 하면 A는 잘 알아들을 거야. B는 아마 불쾌한 표정을 짓겠지. C는 선뜻 협력해 줄 거고.'라는 식으로 직원들 각각의 반응을 미리 예측할 수 있어야 한다. 그런 예측이 가능하면 미리 적절한 대응책을 마련하여 빈틈없이 조직원들을 관리할 수 있다.

그러려면 젊었을 때부터 다양한 경험을 통해 미리 데이터를 축적해 놓아야 한다.

직접 경험해 보면 쉽게 감정이입이 된다

예를 들어 당신이 팀장인데 팀원 중 한 명의 아이가 감기에 걸렸다고 가정해 보자. 이때 만약 당신에게도 아이가 있다면 틀림없이 "오늘은 이만 돌아가도 좋네."라고 말할 것이다.

사람은 자신이 직접 경험해 본 일에 관해서는 쉽게 감정이입을 하는 반면, 경험하지 않은 일에 대해서는 교감능력이 현저히 떨어진다. 젊었을 때 다양한 경험을 해본 사람일수록 관리직이 되었을 때 조직원들을 잘 관리하게 되는 것도 바로 그 때문이다. 자신이 느꼈던 감정을 토대로 상대의 기분을 빠르게 읽어낼 수 있게 되는 것이다.

그런 의미에서 젊은 시절의 경험은 미래를 위한 소중한 자산이다. 훗날 좋은 관리자가 되고 싶다면 젊었을 때 미리 다양한 경험을 통해 그 토대를 마련해 두자. 경험의 폭이 넓을수록 판단의 질도 높아진다.

　미래에 필요할 때를 대비해 자신이 경험한 것을 구체적인 기록으로 남겨 두는 것이 좋다. 축적된 기록은 관리직이 되었을 때 참고할 수 있는 소중한 자료가 된다. 특히 자신이 일반사원이었을 때 좋았던 상사의 말과 행동, 싫었던 상사의 말과 행동을 기록으로 남겨 두면 나중에 분명 도움이 될 일이 있을 것이다.

> **Tip**
>
> **젊었을 때부터 쌓아온 다양한 경험들이 관리직이 되었을 때 재산이 된다.**

이 책의 '머리말'에서 말한 것과 같이 나는 대학을 졸업하자마자 한 컨설팅 회사에 입사해 1년 동안 처음 상상했던 것과는 전혀 다른 일을 해야 했다. 예상하지 못한 사람들과 예상하지 못한 일들을 하자니 처음에는 온통 당황스러운 일들뿐이었다. 그래도 그런 속에서도 뭐라도 하나 배우려고 발버둥을 치고 고민하던 기억이 생생하다.

선천적으로 모든 일에 최선을 다하는 타입이지만, 요령이 좋지 않았기에 처음에는 실패할 수밖에 없었다. 그래서 나는 '같은 질책을 두 번 받지 않는다.', '똑같은 실패를 반복하지 않는다.'라는 원칙을 세워두고, 매일 밤 자기 전에 그 날 배운 것을 정리하고 확인했다. 그 결과 직장인에게 필요한 마인드, 스킬, 인간관계의 기본을 배울 수 있었고 지금의 위치에까지 오를 수 있게 되었다. 그러고 보면 젊은 시절의 그 예상치 못한 시작이 지금의 나를 있게 한 것이 아닌가 싶다.

회사에 들어간다고 해서 하고 싶은 일을 바로 할 수 있는 것은 아니다. 내가 하고 싶어 하는 일은 남들도 하고 싶어 한다. 1~3년차 선배들이 버티고 있는 상황에서 실적이 전무한 신참에게 그런 일이 주어지는 경우는 거의 없다. 따라서 신입사원 시절에는 '이 일을 하고 싶다.'라는 생각은 일단 미뤄두는 것이 좋다.

그 대신 신입사원에게 필요한 것은 주어진 환경에서 최고의 결과를 내고, 그 결과로 다시 환경을 바꿔나가려는 자세이다. 입사 후 2~3년 동안 비즈니스의 기초를 완벽히 익힌 후, 주변 사람들과 차별화된 전략으로 압도적인 성과를 도출해 낼 수 있다면 그들이 먼저 당신을 찾을 것이다.

성과를 내고 좋은 평가를 받게 되면 직접 재량권을 갖고 결정할 수 있는 사항들이 많아진다. 권한과 책임을 갖고 일을 하면 일이 더 즐거워지고 일이 즐거울수록 좋은 결과를 만들어 낼 수 있다. 그러면 다시 그 결과가 좋은 평가를 불러오는 일종의 선순환이 만들어진다.

이 책을 읽은 독자 여러분들도 반드시 이 선순환을 일으켜 즐겁게 일할 수 있게 되길 바란다. 그런 의미에서 이 책이 독자들에게 있어서 비즈니스의 기초를 다지는 계기가 된다면 그보다 기쁜 일도 없을 것이다.

마지막으로 그 동안 나의 비즈니스 인생을 지지해주고, 아낌없이 조언하고 가르쳐 주었던 상사, 선배, 동료, 부하 직원, 그리고 고객 여러분 에게 감사드린다. 이 책을 쓸 수 있었던 것은 모두 여러분 덕분이다.

진심으로 감사한다.

주식회사 리브컨설팅(LiB Consulting)

대표이사 세키 이와오

이것만은 반드시 알고 시작하자

직장생활 생존 노트

초 판 1쇄 2014년 8월 20일

지은이 세키 이와오 옮긴이 김대식
펴낸이 성철환 기획 · 제작 비즈앤노블 펴낸곳 매경출판(주)
등 록 2003년 4월 24일(No. 2-3759)
주 소 우)100-728 서울시 중구 퇴계로 190(필동1가) 매경미디어센터 9층
전 화 02)2000-2642(사업팀) 02)2000-2636(마케팅팀)
팩 스 02)2000-2609 이메일 biznnovel@naver.com
인쇄제본 (주)M-print 031)8071-0961

ISBN 979-11-5542-144-4(03320)
값 13,000원